PSICANÁLISE E EDUCAÇÃO

Coleção Clínica Psicanalítica
Títulos publicados

1. **Perversão**
Flávio Carvalho Ferraz

2. **Psicossomática**
Rubens Marcelo Volich

3. **Emergências Psiquiátricas**
Alexandra Sterian

4. **Borderline**
Mauro Hegenberg

5. **Depressão**
Daniel Delouya

6. **Paranoia**
Renata Udler Cromberg

7. **Psicopatia**
Sidney Kiyoshi Shine

8. **Problemáticas da Identidade Sexual**
José Carlos Garcia

9. **Anomia**
Marilucia Melo Meireles

10. **Distúrbios do Sono**
Nayra Cesaro Penha Ganhito

11. **Neurose Traumática**
Myriam Uchitel

12. **Autismo**
Ana Elizabeth Cavalcanti
Paulina Schmidtbauer Rocha

13. **Esquizofrenia**
Alexandra Sterian

14. **Morte**
Maria Elisa Pessoa Labaki

15. **Cena Incestuosa**
Renata Udler Cromberg

16. **Fobia**
Aline Camargo Gurfinkel

17. **Estresse**
Maria Auxiliadora de A. C. Arantes
Maria José Femenias Vieira

18. **Normopatia**
Flávio Carvalho Ferraz

19. **Hipocondria**
Rubens Marcelo Volich

20. **Epistemopatia**
Daniel Delouya

21. **Tatuagem e Marcas Corporais**
Ana Costa

22. **Corpo**
Maria Helena Fernandes

23. **Adoção**
Gina Khafif Levinzon

24. **Transtornos da Excreção**
Marcia Porto Ferreira

25. **Psicoterapia Breve**
Mauro Hegenberg

26. **Infertilidade e Reprodução Assistida**
Marina Ribeiro

27. **Histeria**
Silvia Leonor Alonso
Mario Pablo Fuks

28. **Ressentimento**
Maria Rita Kehl

29. **Demências**
Delia Catullo Goldfarb

30. **Violência**
Maria Laurinda Ribeiro de Souza

31. **Clínica da Exclusão**
Maria Cristina Poli

32. **Disfunções Sexuais**
Cassandra Pereira França

33. Tempo e Ato na Perversão
Flávio Carvalho Ferraz

34. Transtornos Alimentares
Maria Helena Fernandes

35. Psicoterapia de Casal
Purificacion Barcia Gomes
Ieda Porchat

36. Consultas Terapêuticas
Maria Ivone Accioly Lins

37. Neurose Obsessiva
Rubia Delorenzo

38. Adolescência
Tiago Corbisier Matheus

39. Complexo de Édipo
Nora B. Susmanscky de Miguelez

40. Trama do Olhar
Edilene Freire de Queiroz

41. Desafios para a Técnica Psicanalítica
José Carlos Garcia

42. Linguagens e Pensamento
Nelson da Silva Junior

43. Término de Análise
Yeda Alcide Saigh

44. Problemas de Linguagem
Maria Laura Wey Märtz

45. Desamparo
Lucianne Sant'Anna de Menezes

46. Transexualidades
Paulo Roberto Ceccarelli

47. Narcisismo e Vínculos
Lucía Barbero Fuks

48. Psicanálise da Família
Belinda Mandelbaum

49. Clínica do Trabalho
Soraya Rodrigues Martins

50. Transtornos de Pânico
Luciana Oliveira dos Santos

51. Escritos Metapsicológicos e Clínicos
Ana Maria Sigal

52. Famílias Monoparentais
Lisette Weissmann

53. Neurose e Não Neurose
Marion Minerbo

54. Amor e Fidelidade
Gisela Haddad

55. Acontecimento e Linguagem
Alcimar Alves de Souza Lima

56. Imitação
Paulo de Carvalho Ribeiro e colaboradores

57. O tempo, a escuta, o feminino
Silvia Leonor Alonso

58. Crise Pseudoepiléptica
Berta Hoffmann Azevedo

59. Violência e Masculinidade
Susana Muszkat

60. Entrevistas Preliminares em Psicanálise
Fernando Rocha

61. Ensaios Psicanalíticos
Flávio Carvalho Ferraz

62. Adicções
Decio Gurfinkel

63. Incestualidade
Sonia Thorstensen

64. Saúde do Trabalhador
Carla Júlia Segre Faiman

65. Transferência e Contratransferência
Marion Minerbo

66. Idealcoolismo
Antonio Alves Xavier
Emir Tomazelli

67. Tortura
Maria Auxiliadora de Almeida Cunha Arantes

68. Ecos da Clínica
Isabel Mainetti de Vilutis

69. Pós-Análise
Yeda Alcide Saigh

70. Clínica do Continente
Beatriz Chacur Mano

71. Inconsciente Social
Carla Penna

72. Psicanálise e Música
Maria de Fátima Vicente

73. Autorização e Angústia de Influência em Winnicott
Wilson Franco

74. Trabalho do Negativo
Vera Lamanno-Adamo

75. Crítica à Normalização da Psicanális
Mara Caffé

76. Sintoma
Maria Cristina Ocariz

77. Cidade e Subjetividade
Flávio Carvalho Ferraz

78. Psicologia Hospitalar e Psicanálise
Alfredo Simonetti

79. Fairbairn
Teo Weingrill Araujo

80. Orientação Profissional
Maria Stella Sampaio Leite

81. Acompanhamento Terapêutico
Maurício Porto

82. Ferenczi
Teresa Pinheiro

83. Psicanálise e Educação
Maria Regina Maciel

84. Psicoterapia Breve de Casal
Mauro Hegenberg

COLEÇÃO CLÍNICA PSICANALÍTICA
Dirigida por Flávio Carvalho Ferraz

PSICANÁLISE E EDUCAÇÃO

Maria Regina Maciel

Pearson

1ª edição *2016*

Produção Editorial: *Casa de Ideias*

Dados Internacionais de Catalogação na Publicação (CIP)
Angélica Ilacqua CRB-8/7057

Maciel, Maria Regina
Psicanálise e educação / Maria Regina Maciel. – São Paulo : Pearson, 2016. – (Coleção Clínica Psicanalítica / dirigida por Flávio Carvalho Ferraz).
160 p.

Bibliografia
ISBN 978-85-8040-686-3

1. Psicanálise e educação 2. Educação – Aspectos psicológicos 2. Psicanálise I. Título. II. Ferraz, Flávio Carvalho III. Série.

16-0669 CDD 150.195

Índices para catálogo sistemático:
1. Psicanálise : Educação

Impresso no Brasil
Printed in Brazil

As opiniões expressas neste livro, bem como seu conteúdo, são de responsabilidade de seus autores, não necessariamente correspondendo ao ponto de vista da editora.

Casapsi Livraria e Editora Ltda.
Av. Francisco Matarazzo, 1500 - Cj. 51
Edifício New York - Centro Empresarial Água Branca
Barra Funda - São Paulo/SP - CEP 05001-100
Tel. Fax: (11) 3672-1240
www.pearsonclinical.com.br

Sumário

Prefácio

Psicanálise e educação, de Maria Regina Maciel, é uma coletânea de artigos sobre os tópicos mencionados no título do livro. Os textos foram escritos em épocas diversas e, portanto, refletem a evolução do pensamento da autora. O que não compromete, em absoluto, a coerência do arco narrativo. O *fil rouge* do trabalho são as ideias de Freud sobre educação.

Da perspectiva de Freud, afirma Regina, a relação entre psicanálise e educação é fixada por meio de três conceitos: inconsciente, transferência e sublimação. Tais noções, é óbvio, são pedras de toque da teoria freudiana e não simples operadores analíticos do problema da educação. A autora não ignora o fato. O importante, porém, é observar como a prática educacional lida com os fenômenos inscritos neste tripé conceitual.

Vejamos, de forma breve, a arquitetura do argumento. Em primeiro lugar, é fundamental explicitar a gramática que permite ao leitor localizar em conjuntos lógicos discretos os itens abordados nos estudos. O passo inicial da autora é, desse aspecto, esclarecer a equação freudiana, mostrando o vínculo semântico entre os três termos e os respectivos referentes. Ou seja, o *inconsciente* é o conceito que traz à tona o papel do desejo ou da pulsão na interação com o ambiente escolar ou educativo de forma geral; *a transferência* faz o mesmo no que tange à relação entre a criança/adolescente e as figuras simbólicas de autoridade e, enfim, a *sublimação* aponta para os destinos do desejo e da pulsão na ordem psicológico-cultural. Estes seriam os elementos que a educação precisa levar a sério para não correr o risco de se desviar de seus propósitos.

Em segundo lugar, o argumento apresenta os objetos a serem analisados com o auxílio da grade analítica. Os objetos ou "temas" explorados são numerosos. Detenho-me, por isso, em dois deles: as formas de subjetivação e o fenômeno do "infantil" na vida da criança e do adulto.

No que concerne às formas de subjetivação, Regina investiga: 1) as subjetividades contemporâneas e 2) a relação destas subjetividades com o narcisismo. Sobre as subjetividades contemporâneas, ela pergunta: o que fazer? Se for verdade que vivemos na era do declínio do simbólico, do nome do pai, da autoridade e da tradição, da inviabilidade ética da cultura etc., a escola teria algum peso na resolução ou novo andamento do problema? A resposta é sim. Nada, neste terreno, é fácil, mas nada é inimaginável ou inconcebível. Tudo depende, em grande parte, do modo como se vê a questão narcísica.

A economia narcísica está no fundamento da personalidade líquida de nosso tempo. O impulso narcísico é um fortíssimo motor para a preservação da imagem idealizada de si e, em consequência, um grande obstáculo à comunicação e à responsabilidade para como o outro. Entretanto, diz Regina, a dinâmica narcísica, hoje como ontem, sempre teve o encargo de manter a homeostase egoica, com a qual, em boa medida, coincide. Na atualidade, a autocelebração de si pode ter sido incentivada de maneira superlativa. Isso, no entanto, não deve nos impedir de tentar saber, uma vez mais, qual o genuíno apelo libidinal deste narcisismo.

Neste ponto da interrogação entram as considerações sobre o "infantil". O narcisismo, entre outras coisas, é uma maneira de o sujeito se defender do outro e de seus supostos desejos ou demandas. A fantasia da esfera narcísica protetora é uma constante da vida psíquica. Ela serve de escudo contra os imaginários perigos vindos da ameaça de castração ou da ameaça à continuidade da existência.

Mas, pondera a autora, existem diferentes formas de se lidar com o vivido narcísico da criança. Em algumas, o adulto põe a criança sob tutela, levando-a a se submeter e a imitar as condutas prescritas pela norma cultural. O pressuposto desta escolha educativa é a imagem da criança como um ser polimorfo libidinal, cuja evolução pode derivar para a constituição perversa de si e a relação destrutiva com os outros, se não for barrada por uma lei que imponha temor. A autonomia e a maturidade sexual, nesta leitura, são resultado da imposição de uma lei universal, inflexível em suas cláusulas pétreas.

Outras formas de lidar com a criança partem de princípios diferentes. Nesta visão, o adulto – pais ou educadores – se conduz como "adulto suficientemente bom", no sentido dado à expressão por Winnicott. Isso significa que a via régia da superação do narcisismo não é a ameaça de castração ou ameaça à continuidade da existência, mas o incentivo à criatividade. Recapitulando, o adulto pode assumir o lugar transferencial de quem pune a desobediência e premia a obediência ou o lugar de quem se coloca como ambiente ou objeto instigador da criatividade. Winnicott opta pela última posição. Em vez de superestimar o determinismo genético do desenvolvimento libidinal da criança, realça a imprevisibilidade criativa do "infantil" tanto na criança como no adulto.

A preferência teórica por Winnicott leva Regina a enfatizar a noção do "infantil" no sujeito em oposição à noção de desenvolvimento pulsional da criança. Na tese do desenvolvimento pulsional – predominante no pensamento de Freud, malgrado importantes trechos nos quais o "infantil" é valorizado –, imagina-se que a criança deve abandonar, progressivamente, o estágio primitivo de desejos, pensamentos e gestos mágicos, para alcançar uma suposta fase de adequação ao princípio de realidade. Essa passagem seria inevitavelmente traumática, por seu caráter exógeno, imperativo e inviolável. No melhor dos casos, deixaria cicatrizes representacionais recalcadas; no pior, feridas narcísicas que voltariam, insistentemente, a assombrar o sujeito com o impacto do trauma inicial. Em poucas palavras, ou recalque e rememoração ou revivescência e angústia.

Regina mostra que Winnicott toma outro rumo. Na opinião dele, só existe trauma onde o aporte do "bom ambiente" não existiu ou demorou excessivamente a chegar. Fora disso, o que há é colaboração entre adultos e crianças na construção do espaço transicional do brincar. O brincar permite o domínio do trauma pela estratégia da repetição diferencial. A criança encena constantemente fatos traumáticos ou não traumáticos e cada encenação é uma reinvenção. Ao cabo de certo tempo, torna-se, magicamente, mestre e artífice de acontecimentos que lhe afetam e que, inicialmente, não eram de sua autoria.

A criatividade infantil, porém, não é um ponto estático no desenvolvimento do sujeito, que deve ser idealmente ultrapassado, sob pena de fixar anacronicamente o psiquismo em um tempo rudimentar de sua existência. A criatividade é uma faceta estrutural indispensável ao equilíbrio psicológico do sujeito adulto ou criança. Por essa razão, não pode ser recalcada, mas também não pode ser liberada de qualquer enquadre. Seu lugar de expressão, por excelência, é o espaço transicional. Este, contudo, embora surja da ruptura com um universo de regras preexistentes, não é livre de obrigações e conflitos. O potencial de reinvenção do ambiente presente na atividade criadora do "infantil" é uma força poderosa. Mas só se atualiza ao negociar o sentimento de onipotência da fantasia subjetiva do sujeito com a fantasia subjetiva do outro sujeito e com os limites impostos pelo "objeto transicional" à transformação em "personagens" ou peças do jogo inventado.

A liberdade criativa do sujeito não está necessariamente submetida ao trauma da castração. Em contrapartida, ou aceita as regras válidas para os parceiros, objetos e eventos do jogo ou é privada de jogar. E, para Winnicott, não existe camarote, arquibancada ou cadeira especial no jogo da vida. Ou se está no campo ou se está fora do estádio. Este seria o equivalente winnicottiano da castração: ser excluído do espaço do brincar significa sentir-se privado do sentimento de continuidade da existência.

Após a delimitação da rede teórica, Regina volta a lupa para a vida nas escolas. Os casos analisados mostram que educadores e alunos podem aprender a utilizar o ambiente escolar como espaço transicional tanto nas tarefas de transmissão e aprendizado cognitivos propriamente ditos quanto nas tarefas de desenvolvimento emocional. Nos dois casos, o que importa é assegurar a expansão e o vigor 1) do sentimento de continuidade da existência e 2) da capacidade de "se sentir concernido", de experienciar a abertura em relação ao outro. Continuidade da própria existência e concernimento em relação ao outro seriam as chaves de uma educação psicanaliticamente inspirada.

Como se vê, Regina relê o vocabulário freudiano do inconsciente, da transferência e da sublimação e sugere que a educação com foco na sublimação pode ser enriquecida pela noção winnicottiana de criatividade. Bem entendido, ela conhece a distância entre "sublimação" freudiana e "criatividade" winnicottiana. Não se trata de confundir metapsicologias distintas ou tentar rasurar a escrita freudiana e escrever, por cima, a winnicottiana. Trata-se de observar a semelhança de família, no sentido de Wittgenstein, entre as funções da sublimação e da criatividade, no que toca à prática da educação. E, uma vez aceita a semelhança, ver as vantagens teóricas ou práticas de empregar uma ou outra noção em casos concretos.

Um exemplo interessante é o episódio relatado pela autora com o título "do barulho à batucada". Um grupo de adolescentes rebeldes recebeu a visita da professora acompanhada pela psicóloga com um barulho caótico e estridente. Esse primeiro momento de provocação foi seguido de uma progressiva transformação do barulho em batucada. A atitude mais receptiva, embora não leniente, dos educadores permitiu que a criatividade e a espontaneidade dos adolescentes, até então anárquica e propositalmente insolente, se convertesse em uma criação cultural, a batucada. A agressividade bruta tornou-se uma manifestação musical fruída por todos. Os adolescentes, que se exprimiam nas teclas da oposição e da hostilidade, desviaram o caudal criativo para um bem cultural comum a muitos. Esse seria o resultado da drenagem da pulsão de vida para a criatividade. O produto sublimado, a batucada, não teria sido obtido por "pressão", mas por "aspiração", por incentivo à satisfação de criar, para relembrar a gênese da moral, segundo Bergson.

Enfim, Regina enfatiza que o "infantil" sempre vai emergir onde for solicitado. O ambiente, porém, pode vê-lo como algo a ser domesticado ou algo cuja força deve ser dirigida para a capacidade de "criar o mundo", como diz Winnicott. Essa capacidade, descrita por ele como "capacidade para a felicidade e alegria de viver sem a negação da seriedade e da dificuldade", existe entre crianças, pais e professores, e é o aval da solidez do sentimento de continuidade da existência e da vida moral. Afinal, resume Regina, para Winnicott, "há em cada ser humano uma tendência a tornar-se responsável por suas ações". A menos, é claro, que o "infantil" seja visto como candidato a perverso, e a imaginação criativa como restos de pesadelos pulsionais. Não há ingenuidade ou credulidade no que diz Winnicott; há aposta, sem garantias metafísicas, de que somos todos suficientemente bons como adultos ou crianças. Do contrário, estaríamos todos loucos ou mortos.

Belo e importante trabalho. Vale a leitura e a reflexão. A autora alcançou os objetivos intencionados: uma teoria mais refinada para uma educação mais livre, espontânea e criativa.

Jurandir Freire Costa

Introdução

Este livro é resultado de minhas pesquisas que se deram na interseção entre psicanálise e educação, fruto de uma trajetória de vinte anos de trabalho contínuo entre essas duas áreas. Como psicanalista e professora-associada de faculdade de educação, tenho acompanhado, ao longo destes anos de trabalho, o que tem sido escrito, proposto e praticado no campo constituído neste entrecruzamento, no qual encontramos desde posturas mais excludentes até as mais recentes tentativas de aproximação.

Os trabalhos deste volume trazem um panorama do que a psicanálise pode nos apresentar no que diz respeito tanto a debates teóricos quanto a propostas práticas perante a educação, apresentando as polêmicas que estão em jogo, muitas vezes derivadas dos distintos modelos teóricos de Freud, Winnicott e Lacan. Além disso, tais trabalhos buscam focar aspectos sociais e políticos em torno desses dois campos, e são dirigidos ao público em geral e – sobretudo – aos estudantes que estão se inserindo nesses debates.

O livro é dividido em três partes. Na primeira, procurei tecer articulações teóricas entre essas duas áreas; na parte seguinte, encontram-se três capítulos nos quais está em pauta a prática psicanalítica no espaço escolar. Por fim, na terceira parte, partindo do entrelaçamento de teorias e práticas discutidas no presente volume, proponho-me a repensar o que entendemos por adolescência e infância.

O ponto de partida do livro é uma reflexão sobre o que é educar; além disso, a obra busca analisar, no atual contexto de crise, os saberes que norteavam nossas práticas, até então de forma irrefutável. Para tal, discutirei alguns textos de Freud nos quais se encontram referências à educação. Em seguida, passarei por autores mais contemporâneos que abordam a relação entre esses dois campos. Neste caso, é possível afirmar o predomínio da aproximação entre eles, mais que uma anterior postura de separação.

Em "Intersubjetividade e escola na contemporaneidade" (segundo capítulo), ao apontar para a dualidade existente no âmbito das ciências sociais sobre o que diz respeito ao momento atual – quando alguns o entendem via dominação e outros o entendem via liberdade –, darei ênfase ao tema da apatia enquanto traço de muitas subjetividades de hoje. Este ponto de partida somente é possível na medida em que entendo que a psicanálise nos autoriza a pensar a subjetividade atrelada ao social. Com Freud e Winnicott, o tema da intersubjetividade é pensado: no caso do primeiro, a partir dos processos narcísicos e alteritários de toda subjetividade e, no caso do segundo, a partir das considerações à capacidade criativa que pode se expandir perante um bom encontro.

Como podemos repensar a escola diante da apatia contemporânea? Se esta tiver somente um ensino e uma aprendizagem de conhecimentos prefixados pelos programas curriculares e seus textos didáticos, não estaremos contribuindo para a constituição de sujeitos submetidos e apáticos? Ao contrário disto, entendo que a escola pode ser um lugar de criação. Isto, se permitir, por exemplo, um bom encontro entre professor e aluno, no qual o que se aprende e o que se ensina sejam significativos para ambos os participantes.

Cabe esclarecer, contudo, que a possibilidade de se afirmar uma escola transformadora supõe a superação das teorias que a viam como mera reprodutora de valores dominantes. Avançando disto, o espaço educacional também pode ser enxergado como mobilizador de nossas potencialidades de vida, nas quais se criam novos sentidos para as práticas pedagógicas, o que pode nos fazer sair da posição de apatia tão característica da narcísica sociedade contemporânea.

Ainda no segundo capítulo, vale destacar a importância dos atuais debates em torno da questão do reconhecimento mútuo a partir do qual podemos desenvolver uma relação a nós mesmos. É a partir de uma perspectiva dos parceiros – a quem nos endereçamos socialmente em uma interação – que podemos nos desenvolver como sujeitos. Este ponto de discussão dá margem para pensar a escola em seu cotidiano.

O capítulo seguinte trata do próprio contexto educacional, partindo de questionamentos sobre o que fazer no interior da escola diante de seus problemas cotidianos. Um caminho profícuo é valorizar o que as crianças já têm e o que elas trazem de suas vidas, ressaltando o protagonismo que os pequenos têm assumido. Nesse sentido, o texto discute a atualidade do pensamento de Winnicott, já que se trata de um psicanalista que, justamente, acreditava em uma escola que pudesse ser facilitadora do crescimento da criança, desde que proporcionasse experiências criativas em vez de submissão, adaptação e imitação.

O quarto capítulo aborda as contribuições da psicanálise ao debate sobre a questão da diferença na educação. Este debate tem se manifestado de várias maneiras, dentre as quais se destaca a proposta da educação inclusiva de alunos "especiais"; tratamos, aqui, mais especificamente, da educação inclusiva de psicóticos. Veremos a problemática da inclusão ou exclusão neste tempo de globalização, acreditando que o direito à diferença nos conduz, também, a uma luta política de combate às desigualdades. O trabalho parte de uma abordagem política da questão e termina por se vincular aos textos freudianos. O fundamental, neste caso, é sustentar como a diferença é alicerce do sujeito. Poder conviver com ela é base de uma vida mais pluralista e solidária. O eixo central debatido, contudo, é o espaço escolar. Em um processo interativo, este pode seguir o caminho no qual as competências dos alunos são trabalhadas e conquistadas singularmente. Trata-se de um processo interativo sustentado por uma rede social na qual educadores, pais e profissionais afins também possam ser incluídos.

Entendo que a psicanálise é uma teoria e uma prática que pode apoiar uma crítica à educação de massa, de classes homogêneas, de classes dos iguais. Afinal, ela se refere a um sujeito singular fundado pela alteridade. No entanto, se, por um lado a educação inclusiva é uma bandeira de luta justa e atual, por outro, sabemos que ela não pode e não deve ser inclusiva de todos e a todo custo. Cada aluno é único, e preparar os educadores para lidar com isto exige um trabalho delicado. Querer incluir nem sempre é sinônimo de condição de possibilidade para dar o suporte necessário ao sujeito.

Em "A creche como 'terceiro'" sustento que esta Instituição não é uma espécie de mal necessário, ela, ao contrário, pode ser pensada enquanto lugar participante de nossa constituição subjetiva, presente no cotidiano de muitas famílias. Este texto foi escrito quando coordenei "grupos de discussão" com agentes cuidadores/educadores de algumas creches da Rede Municipal do Rio de Janeiro. Ele articula o tema da creche com a noção de "terceiro". Este caminho é algo que faz sentido ao compreendermos o bebê a partir do paradigma edípico, iniciado por Freud e explorado por Lacan.

Uma vez que o educador de creche seja visto como figura participante da constituição psíquica das crianças que frequentam tal espaço escolar, penso ser fundamental a existência de dispositivos, tais como os "grupos de discussão", que possam ampliar as questões que giram em torno do cotidiano dos seus trabalhos. Nesses grupos, o profissional pode encontrar espaço para elaborações de suas próprias vivências psíquicas suscitadas pelo contato com as crianças pequenas, tais como ambivalências, as possíveis rivalidades entre pais e educadores etc. Dentre as inúmeras questões que emergem neste tipo de dispositivo, considero importante abordar o tema de como os cuidadores foram cuidados, que os remetem às questões relativas às suas próprias infâncias.

Penso que a possibilidade de ver a creche dessa maneira pode auxiliar no trabalho sobre as fantasias inconscientes de seus membros. Por que não conceber a creche como um terceiro na relação criança e pais? Uma espécie de organizador dessa relação quando esta estiver, por exemplo, direcionando-se para a emergência de um sofrimento psíquico? Se assim for, educadores e pais podem estar mais conscientes e criativos para viver o dia a dia com os pequenos que, por seu turno, teriam suas próprias iniciativas valorizadas.

O capítulo seguinte foi escrito a partir de minha experiência como psicóloga em uma creche particular. Esse foi um momento de contato com bebês e com quem cuida deles, quando pude deparar com toda a dimensão não verbal das trocas inicias. O texto lembra a noção de corpo erógeno de Freud, bem como a importância dada por Winnicott aos cuidados para com os bebês. A partir deste último autor, a questão intersubjetiva – termo que não encontramos em seus textos, mas que utilizo para me referir a algo que se passa entre o bebê e o cuidador e marca a existência originária tanto do eu quanto do outro – é debatida. Este tema tem sido frequente nas discussões psicanalíticas mais recentes. Na creche, no contato com os próprios bebês, foi possível observar quanto o tônus muscular depende de uma relação (espécie de diálogo tônico) estabelecida entre cuidador e criança. O cuidado de múltiplos adultos e a convivência com diferentes crianças podem ser encarados positivamente, uma vez que permitam uma gradual convivência com a alteridade e a diversidade.

Acredito que podemos contribuir para uma educação infantil formal de qualidade que valorize as iniciativas das crianças e as suas relações múltiplas, porém estáveis. A rotina institucional pode ser norteadora e construtora de confiança, sabemos quanto a confiança gerada pelo "ambiente suficientemente bom" é importante para a existência de uma unidade psicossomática e uma, posterior, subjetividade integrada. As experiências vividas pelas crianças pequenas, e seus vários adultos, não necessariamente são contrapostas a uma boa expansão do eu. Isto vai depender do estabelecimento de uma espécie de ritmo entre criança, pais e agentes cuidadores/educadores que não quebre com a inicial experiência de onipotência do bebê e seus contínuos desdobramentos.

Em "Psicanálise e educação: do barulho à batucada" relato uma experiência com grupos de adolescentes em uma escola pública do Rio de Janeiro, cujo horizonte era fomentar uma escola que ampliasse seus espaços para incluir a dimensão criativa de si e do mundo. Destaco um episódio de encontro que parece ter se dado no "espaço potencial", quando o barulho que faziam se transformou em batucada que, por seu turno, desencadeou diálogos, não livres de conflitos, mas que até então estavam impossibilitados. Neste tipo de trabalho, não nos restringimos à clínica convencional de consultório; creio que, assim, abrimos com ele novas perspectivas e ações no entrelaçamento entre esses dois campos.

Na terceira parte do livro, encontram-se dois trabalhos que pensam a adolescência e a infância enquanto etapas da vida escolar. Em "Adolescência hoje: nostalgia do pai ou espaço criativo de reconhecimento?", procurei refletir acerca das ações dos jovens de hoje não como idealizações infantis a serem ultrapassadas, em nome de um ideal adulto, mas como manifestações de sujeitos que querem participar ativamente das decisões que tomamos. Penso que urge o estabelecimento de um espaço propício de reconhecimento de nossas diferenças e semelhanças para com os jovens.

No último capítulo, por fim, evoco o protagonismo da infância. Do ponto de vista da psicanálise, o brincar permite criar. Da mesma forma, no *playground* do processo psicanalítico, é um infantil que está em jogo; penso que este infantil pode não ser visto como sinônimo de imaturidade, mas como algo criativo que está também em nós adultos. Assim, se considerarmos a relação entre psicanálise e educação, podemos nos perguntar: por que não estender este *playground* à educação? Quais seriam os limites e as possibilidades de tal proposta?

Estes são os temas que serão desenvolvidos nos capítulos que se seguem. Entre eles, destaco tanto o que significa analisar e educar hoje, diante das novas subjetividades, quanto os limites e as possibilidades dos laços entre esses dois campos. Isto posto, convido o leitor a pensá-los junto comigo.

Primeira parte

Psicanálise e educação: articulações

1.

Psicanálise, educação e as novas formas de subjetivação[1]

A proposta deste primeiro capítulo é fazer um balanço preliminar da relação entre psicanálise e educação no contexto das novas formas de subjetivação. Nesse novo contexto, pensamos ser fundamental refletir sobre que subjetividade e que tipo de cidadania queremos ter como alvo e finalidade nas práticas educacionais contemporâneas. Uma questão central na atualidade é pensar sobre o que significa educar hoje, diante da crise de fundamentos nos saberes que norteavam nossas práticas, até então, de forma inconteste.

Com tal proposta em mente, vamos nos reportar, primeiro, às referências de Freud em relação à educação, uma vez que se tratam de textos fundadores desta reflexão. Em seguida, passaremos a nos referir às articulações feitas por alguns pesquisadores, nos últimos anos, sobre as relações entre esses

---

[1] Segunda versão do texto publicado originalmente na *Revista Interface: Comunicação, Saúde, Educação* (v. 9, n. 17, p. 333-316, 2005).

dois saberes. No que tange especificamente a esse segundo eixo de análise, é importante assinalar o crescente interesse pelo estudo das relações entre psicanálise e educação, tanto entre educadores quanto entre psicanalistas. O entrecruzamento desses dois campos de saber tem uma história marcada por variadas tendências. Em um levantamento bibliográfico preliminar sobre o tema, é possível afirmar que, nas mais recentes publicações, predomina uma proposta de junção desses dois campos, diferentemente do que ocorria anos atrás, quando predominava um tipo de leitura da questão em que se ressaltavam as impossibilidades de encontro entre eles. O que aconteceu para que essa mudança de posição tenha ocorrido?

Sabemos que estamos vivendo, segundo diversos autores das ciências humanas e sociais, em um momento no qual se verifica uma série de questões nos atuais processos de subjetivação e nas patologias a eles associadas. Dentre eles, podemos destacar dois: a apatia e a denominada "cultura do narcisismo", na qual se observam atos de violência sem qualquer objetivo de transformação ou projeto histórico. O terceiro e último subitem do presente capítulo diz respeito, portanto, à maneira como a psicanálise e a educação podem contribuir, ao se encontrarem no espaço escolar, para a existência de sujeitos mais criativos. São considerados temas balizadores desta articulação o processo de subjetivação, a criatividade e a singularidade.

Referências de Freud à educação

Podemos afirmar que, basicamente, as contribuições de Freud à educação dizem respeito primeiro à possibilidade de transmissão de conhecimento, levando-se em consideração o Inconsciente. Este sistema psíquico, por seu turno, é o conceito fundamental da psicanálise, além de considerado a terceira ferida narcísica da humanidade (Freud, 1917a; 1917b). Com esse conceito, podemos nos conceber também como sujeitos do desconhecimento, no qual algo sempre escapa à pretensão de controle consciente, por exemplo, de tudo o que aprendemos.

A partir dos textos freudianos, outra referência à educação diz respeito à importância da relação professor-aluno, o que nos leva a pensar na questão da transferência sob o aspecto de um fenômeno que não se passa apenas entre paciente e terapeuta, mas que perpassa todas as relações humanas. Embora o que ocorre na escola seja diferente, na psicanálise a transferência constitui seu próprio instrumento de trabalho.

Finalmente, uma terceira contribuição encontrada nos textos freudianos aponta para o papel da educação como auxiliar da sublimação sexual (já que seus argumentos afirmam que a curiosidade intelectual é derivada da curiosidade sexual). Quanto a essa última referência, devemos ter em mente que esse desvio pulsional necessário não deve ser excessivo e chegar a inibir nossos desejos.

Alguns de seus textos que mencionam a educação são:

- "Recomendações aos médicos que exercem a psicanálise" (Freud, 1912), no qual, ao ligar a atividade educativa à capacidade sublimatória e ao se referir às indicações feitas pelos professores de livros a serem lidos, alerta para o risco de os educadores quererem modificar os alunos à sua imagem, tomando para si a função de modelo.
- "Algumas reflexões sobre a psicologia escolar" (Freud, 1914b), no qual afirma que a aquisição de conhecimento depende da relação do aluno com seus professores e seus colegas, em uma referência à relação transferencial que faz com eles, enquanto representantes de seus pais e irmãos. Em suas palavras: "... é difícil dizer se o que exerceu mais influência sobre nós e teve importância maior foi nossa preocupação pelas ciências que nos eram ensinadas, ou pela personalidade de nossos mestres" (p. 286). É importante mencionar que o conceito de transferência designa o processo utilizado pelos desejos inconscientes para, não só na relação analítica, repetir nossas experiências infantis vividas, agora, como atualidade.
- "Prefácio a *juventude desorientada*, de Aichhorn" (Freud, 1925a). Nesse texto, ao mencionar a importância do professor para o aluno – posto que aquele pode orientá-lo, servindo como modelo –, Freud aponta para o valor profilático de uma psicanálise para o próprio educador. Este não tem, portanto, de se contentar somente com uma instrução teórica da teoria psicanalítica.

- "Explicações, aplicações e orientações", em "Novas conferências introdutórias à psicanálise" (Freud, 1932), no qual se refere à tentativa da "educação psicanalítica" procurar um "ponto ótimo" que possibilite "proibição de pulsão" sem "doença neurótica". Freud afirma que cada criança tem seu ponto, o que nos leva a questionar o valor de uma educação de massa e pré-programada, pois nos parece colocar aí a questão da singularidade. A partir dessa menção, podemos dizer que o professor não tem controle total dos efeitos de suas palavras sobre os alunos. Não saberá o que o aluno fará com aquelas ideias e com o que as vai associar.
- "Análise terminável e interminável" (Freud, 1937a), no qual afirma que o psicanalisar, o educar e o governar são profissões impossíveis, uma vez que sempre chegam a resultados insatisfatórios.

A partir das indicações deixadas por Freud, entretanto, que desenvolvimento essas relações sofreram nos últimos anos?

Articulações contemporâneas entre Psicanálise e Educação

O livro *Freud antipedagogo*, de Catherine Millot (1987), publicado pela primeira vez na França, em 1979, marcou aqueles que estudam o campo da interseção educação/psicanálise. Essa obra foi referência obrigatória para os interessados nessa conexão. No livro, a autora afirmava a impossibilidade de aplicar psicanálise à educação. No máximo, a psicanálise poderia transmitir ao educador uma ética, um modo de ver e de entender a prática educativa.

Seguindo os ensinamentos de Lacan, a posição de Millot radicalizava as separações existentes entre esses dois campos. Ela se contrapunha claramente à tradição psicanalítica que entendia a psicanálise como educação das pulsões, tendo um objetivo profilático com relação às neuroses. Anna Freud (1971) encaixava-se aqui como uma representante dessa outra tendência, na qual tanto educadores quanto psicanalistas deviam colocar-se ao lugar do saber. Ou seja, a análise da criança era associada a medidas educativas, tendendo a se transformar em pedagogia. Esse tipo de posição era, portanto, criticado por Millot.

No Brasil, Kupfer (1989), dez anos depois da publicação do livro de Millot, seguia a mesma linha de raciocínio. No entanto, em um livro posterior, publicado em 2001, a mesma autora expõe que mudou de ideia no que tange à afirmação anterior de que psicanálise e educação não se casavam. Atualmente, a autora admite que é possível conceber uma educação orientada pela psicanálise. Propõe, assim, a "educação terapêutica" como "conjunto de práticas interdisciplinares de tratamento, com especial ênfase nas práticas educacionais, que visa à retomada do desenvolvimento global da criança" (p. 83), mais especificamente, referindo-se aos autistas e psicóticos.

Neste caso, a educação terapêutica não seria mais psicanálise em seu sentido clássico, pois não busca tocar o real pelo simbólico e, sim, instituir o simbólico em torno do real. Também não seria apenas educação em seu sentido clássico, pois não visa moldar a criança ao ideal do eu do educador, já que a criança psicótica quase nunca está atenta aos ideais e, portanto, não coloca o educador no lugar de modelo identificatório como fazem as outras crianças. Da mesma maneira, não seria educação "*stricto sensu*", porque seu tempo já passou e qualquer esforço de retomá-la produzirá algo novo, e será sempre uma reeducação (Kupfer, 2001).

A autora acaba por estender sua proposta de "educação terapêutica" para ser aplicada não apenas à educação especial (de crianças psicóticas e autistas, por exemplo), mas para a educação de crianças de maneira mais ampla. Temos aí um exemplo de como esses dois campos foram se entrelaçando cada vez mais com o passar dos anos.

Em um livro publicado também no Brasil, vemos uma interessante ligação entre educação e psicanálise vinda de outra tradição psicanalítica que não a lacaniana. Bacha (2002, p. 20) propõe-se tanto a explorar a dimensão imaginária dos processos cognitivos quanto a alargar nossa capacidade de conhecer e de se conhecer. E, finalmente, "formar" o leitor iniciando-se nessa realidade surreal tramada pelo artista com os fios da fantasia e da razão – sonegada já na infância por uma formação indolente.

A autora tenciona olhar para a educação pela perspectiva exclusiva da criança, que é diferente da noção clássica da psicologia do desenvolvimento e da aprendizagem. Ou seja, ela não encerra a contribuição da psicanálise para a educação na noção de desenvolvimento humano.

A perspectiva da criança, a que Bacha (2002) se refere, diz respeito aos fantasmas inconscientes que a situação formativa acorda no professor. Isso é o que, de acordo com Bacha, deve ser trabalhado ao se pensar em psicanálise e educação. A autora se pergunta: por que não fazer o professor se ver no lugar da criança? Para ensinar bem, é preciso "inquietar a razão e desfazer os hábitos do conhecimento objetivo" (p. 32). É preciso, portanto, reconhecer o inconsciente no território da razão, o que significa admitir a "surrealidade da educação" que aponta para o "fantasma da sedução" (p. 63).

A autora afirma que educar é nutrir, e nutrir com Eros. Recorrendo a um trabalho de Renato Mezan (1993) – que analisou os vários aspectos da sedução e os agrupou em duas faces, a ética (que remete ao domínio de um indivíduo sobre o outro) e a estética (que pode vir a despertar ou a refinar uma sensibilidade) –, Bacha nos faz pensar no lugar do professor como o de um sedutor, mas sedutor no sentido estético, um "Don Juan do bem", por assim dizer. Esse livro (*A sombra de Don Juan e outros ensaios*) se insere aqui com o intuito, portanto, de mostrar como nas mais recentes publicações acerca da relação psicanálise/educação esses laços têm sido refeitos.

No parágrafo anterior, referimo-nos à questão estética. Ao depararmos com tal questão na relação professor/aluno, na qual a construção dos conceitos pode adquirir uma dimensão de imaginação e pode-se aprender criativamente, um autor que se impõe é Castoriadis (1997; 1982). Ele nos permite unir psicanálise e educação, agora sob a ótica da criatividade. Seriam esses dois campos espaços possíveis de criação (Castoriadis, 1982; Valle, 2002)?

Castoriadis afirma a natureza indeterminada e indeterminável do fazer educativo. A partir da menção de Freud, em que o educar, junto ao psicanalisar e ao governar, são tidos como atividades impossíveis (Freud, 1937a), Castoriadis as concebe como atividades prático-poéticas. Assim como a política e a psicanálise, a educação teria como finalidade a construção da autonomia humana, em outras palavras, a sua autocriação.

Algo, no entanto, sempre escapa à pretensão desses três campos do saber. Isso ocorre exatamente porque há uma dimensão no humano que diz respeito à sua possibilidade de construir a si mesmo. E, contudo, esses três campos de saber sugerem uma intervenção externa, ali onde o que existe é certa "autocriação". Caindo nesse engodo e esquecendo-se da liberdade humana, a educação, ao lado dos outros dois saberes, muitas vezes fica reduzida a um espaço de mera aplicação de teorias "*a priori*". Teorias essas que são construídas pelos "especialistas" e passam ao largo das possíveis contribuições que poderiam dar, por exemplo, os próprios professores e alunos que vivem o dia a dia de suas instituições.

Ainda recorrendo a Castoriadis, vale lembrar que o projeto de autonomia não deve ficar apenas no âmbito individual, mas é também um projeto necessariamente social, por isso a necessidade de se criticar uma sociedade heterônoma em que o sujeito não pode exercer sua autonomia, posto que funciona à sua revelia. Esse tipo de sociedade é considerada não democrática, e aliena o sujeito encobrindo seu poder de autocriação.

Assim, vemos a importância de não esquecer o âmbito da política ao abordarmos os laços possíveis entre psicanálise e educação. Nesse sentido, podemos lembrar o trabalho de Patto (1990) que é importante para que não se deixe de articular o discurso social ao se tentar entender, como psicanalistas e educadores, um problema de aprendizagem. Esta autora nos mostra, sob esse aspecto, que o fracasso acadêmico se produz no interior das relações cotidianas do espaço escolar, as quais muitas vezes negam e desqualificam a diferença social ou o desencontro de vivências e linguagens entre as crianças concretas de uma determinada escola e o ideal esperado e mais de acordo com o grupo social dominante.

A educação no contexto das novas formas de subjetivação

É possível observar uma transformação geral no registro da construção das subjetividades contemporâneas. Entre essas mudanças, enfatizamos duas: certo estilo de ser depressivo ou apatia reinante nos processos de subjetivação contemporâneos, e a violência narcísica de atos distantes de qualquer ideal coletivo. Diversos são os autores que se referiram a esses aspectos. É o caso, por exemplo, de Bauman (1998), Ehrenberg (1998) e Lasch (1987; 1983).

Encontramo-nos em uma sociedade extremamente individualista que, longe de se contrapor às tendências da apatia e da violência narcísicas supracitadas, pode vir a impedir tanto o exercício da criatividade quanto o reconhecimento intersubjetivo das demandas de seus sujeitos. Seu extremo individualismo em nada contribui para aquilo que Winnicott (1971c) chamou de continuidade do sentimento de existência, que, sustentado, diríamos nós, pelo reconhecimento mútuo, permite que nossa criatividade primária se transforme em efetiva experiência criativa.

Pretendemos, no entanto, enfatizar, neste item do trabalho, a possibilidade de educação e psicanálise, ao contrário dessa tendência, serem espaços de criação democráticos e que estimulem os processos alteritários em detrimento dos narcísicos. Nesse caso, propomos pensar, aqui e mais especificamente, em novas práticas educacionais alternativas que se encaminhem por essa direção.

Tomemos o que se pode observar principalmente a partir dos anos 1980 – com as reivindicações das feministas, do multiculturalismo ou da terceira idade, para citar alguns exemplos –, quando vimos emergir novos sujeitos dos processos educativos. Esses novos sujeitos vivenciam a fragmentação das paisagens culturais de classe, gênero, etnia, nacionalidade etc., sob o aspecto daquilo que nos forneciam, até então, sólidas localizações como indivíduos sociais. Foram essas localizações, aliás, que, como nos mostra Stuart Hall (2003), contribuíram para criar padrões de alfabetização universais (mediante um sistema educacional nacional), uma única língua, uma cultura homogênea.

Hoje, contudo, diante das híbridas nações culturais e do fenômeno da globalização que, por seu turno, fez emergir uma tensão entre o "global" e o "local", a educação necessita repensar-se e pôr na pauta de suas discussões a questão do local, da diferença, da singularidade, da alteridade, e não apenas o tema do universal.

Considerando este tipo de discussão, um autor que também deve ser mencionado é Franco Cambi. Ele afirma que essas novas emergências, de certa forma, obrigaram a educação – e nós acrescentaríamos a psicanálise – a ser capaz de redescrever seu papel e território de atuação. A educação pode, assim, mostrar-se um campo teórico e prático aberto, sem estereótipos, que trabalha as diferenças, por exemplo, de gênero, de culturas "outras" (em relação à ocidental, greco cristã burguesa) etc. (Cambi, 1999).

O autor supramencionado, ao se referir às questões educacionais contemporâneas, especificamente às da terceira idade, afirma: "isto implica a predisposição de 'percursos educativos': de aprendizagem (tipo universidade livre), de recreação (de jogo, de espetáculo, de viagem), de intercâmbio social (em associação de bairro ou outros)". Ele aponta aí, portanto, uma via concreta possível para a educação se tornar um "saber aberto sobre as práxis formativas, capaz de iluminá-las criticamente, sem ir à procura de objetivos eternos e de certezas não variantes" (Cambi, 1999, p. 405).

Filiamo-nos aqui a uma tradição libertária da escola, na qual esta não só reproduz a sociedade, mas pode transformá-la. Acreditamos que o espaço escolar pode não só repetir a língua oficial, mas também trazer à tona os discursos esquecidos, massacrados. Nesse sentido, educação e psicanálise se aproximam enquanto campos teóricos e práticos em que se pretende dar espaço aos discursos latentes em detrimento aos manifestos.

Ainda neste intuito de aproximar esses dois campos, fazemos referências ao texto de Felman (2000). Seu artigo nos auxilia em nosso objetivo de articular psicanálise e educação por meio de temas como os das novas formas de subjetivação, da criatividade e da singularidade.

Esta autora parte da noção de trauma, tão pertinente ao nosso século de catástrofes históricas. Ela pergunta se o trauma poderá instruir a experiência pedagógica. Para uma resposta afirmativa, passa pelas lições literárias e psicanalíticas sobre o testemunho.

A autora nos faz pensar sobre o valor do testemunho. Nele, texto e vida se fundem em um processo singular e coletivo ao mesmo tempo. O testemunho, segundo Felman (2000), é uma prática discursiva, um ato de fala que pode criar o novo e gerar a verdade. Ela, portanto, discute este conceito como aquilo que nos faz deparar com a estranheza, que é imprevisível e só pode ser captado no movimento de sua própria produção. Afirma, então, que "testemunhar é, precisamente, engajar-se no processo de reencontrar seu nome próprio, sua assinatura" (p. 64).

Em "Educação e crise, ou as vicissitudes do ensino", Felman (2000) oferece um exemplo vivo da transformação nas subjetividades dos alunos mediante o relato da experiência da autora em um seminário de pós-graduação. É relatada a crise que se instalou em seus estudantes quando a autora proporcionou a eles contato com testemunhos de escritores e sobreviventes do holocausto. Ela afirma que, a partir daí, os próprios trabalhos escritos de final de curso "terminaram por ser uma declaração sobre o trauma pelo qual tinham passado e sobre a importância de terem assumido a posição de testemunha" (p. 66). A autora termina por concluir que o ensinar ocorre apenas por meio de uma crise. Ensinar é, portanto, mais que transmitir alguns fatos; é fazer algo acontecer. Segundo suas palavras: "o ensinar é uma atividade performática e não cognitiva, como, aliás, a psicanálise, à medida que ambos lutam por produzir, e possibilitar, uma mudança" (p. 66-67).

Comentários

O encontro entre educação e psicanálise pode ser bastante frutífero. Ele tem uma história que começa nos primeiros escritos de Freud sobre o tema e se estende até textos de psicanalistas e educadores mais contemporâneos.

No que se refere a este primeiro capítulo, os temas das novas formas de subjetivação, criatividade e singularidade foram considerados os marcos desse embate, podendo ser articulados no valor do testemunho. Um ensino que dê espaço a nosso potencial narrativo, sem esquecer que somos dependentes uns dos outros na construção dessas narrativas, contribui para a existência de sujeitos mais presentes e atuantes na experiência do mundo e de si próprios.

Acreditamos que esses dois campos podem funcionar como campos teóricos/práticos de certa autocriação do sujeito. Eles podem ser tidos como práticas poéticas que visam à autonomia humana. Isso, se, por exemplo, a escola puder ser um espaço de encontro intersubjetivo, no qual transformações podem ser operadas em seu cotidiano. Em outras palavras, se a escola puder se fazer de lugar de passagem até que o aluno comece, ele mesmo, a se interrogar.

Afirmamos o que foi dito acima, mas sem desconhecer que a escola – enquanto lugar de aplicação desses saberes – é também um lugar de reprodução do instituído, no qual questões como as desigualdades entre as classes sociais tendem a se repetir. Afinal, a escola por si só não pode transformar a sociedade da qual é apenas um elemento. Ela depende também de políticas públicas efetivas e concretas do Estado.

Finalmente, é possível concluir que, além de ser lugar de "informação" da tradição – e, nesse sentido, comprometida às diversas formas de dominação –, a escola pode ser, também, lugar de "transmissão" – e, de certa maneira, espaço criativo de liberdade de sujeitos singulares.

2.

Intersubjetividade e escola na contemporaneidade[1]

Processos de subjetivação contemporâneos

Podemos dizer que no âmbito das ciências sociais há uma dualidade no que diz respeito à maneira como se entende o momento contemporâneo: via dominação, mas, também, via liberdade. Se há, por um lado, os que defendem a ideia de que hoje a vida está amarrada a padrões predeterminados, fortes estratificações sociais e relações de dominação, por outro, há autores que defendem a ideia de que temos um espaço maior de liberdade, por exemplo, para definir nossas opções sexuais, nossos valores e papéis sociais. O primeiro grupo afirma que, por exemplo, o consumo expressaria esta dominação de forma contundente, sendo a liberdade atual somente aparente,

---

1 Este capítulo se apoia em dois outros artigos já publicados: "A questão da intersubjetividade no espaço escolar e os processos de subjetivação contemporâneos" (*Teias*, v. 5, n. 8-9, p. 1-9, 2003) e "Depressão e criatividade no indivíduo contemporâneo" (*Cadernos de Psicanálise*, ano 24, n. 15, p. 111-126, 2002).

posto que na realidade estaríamos massificados e condenados, entre outras coisas, aos objetos de consumo. De acordo com essa linha de raciocínio, nossa sociedade de massa impediria a singularidade, apesar da valorização do individualismo, segundo a qual os indivíduos se encontram impelidos a uma utilização instrumental do mundo em função de seus próprios interesses. Nesta mesma sociedade, ocorreria uma diminuição de nosso espírito crítico, uma adaptação a ela, e um forte consumismo que homogeneizaria os indivíduos e exacerbaria nosso mecanismo de idealização. O segundo grupo, por outro lado, afirma que nunca na história da humanidade a liberdade esteve "tão ao alcance da mão". Isto no que diz respeito, ao menos, à escolha da forma como queremos viver a sexualidade, a família etc.

Após esses esclarecimentos, enfocarei especificamente o tema da apatia, isto é, de subjetividades voltadas para si próprias. Vamos, a seguir, privilegiar alguns autores das ciências humanas e sociais a fim de contextualizar melhor estes fenômenos. Dos autores que destacam as relações contemporâneas de dominação, referir-me-ei, principalmente, a Lipovetsky e Sennett. Ao falar da liberdade, abordarei, sobretudo, as ideias de Ehrenberg.

Sabemos que as subjetividades dependem do contexto em que se inserem. Justificamos, então, a consideração a esses autores que não são educadores nem psicanalistas, pelo fato de que, ao tratar de sujeitos em processo de ensino-aprendizagem, urge que reflitamos acerca dos processos de subjetivação contemporâneos para não cairmos em definições abstratas dos sujeitos com que lidamos.

A apatia é, na perspectiva de alguns autores, uma característica central da contemporaneidade. Lipovetsky, por exemplo, com sua noção de apatia, nos abre uma perspectiva de análise sugestiva. Afirma ser ela uma expressão do narcisismo.

O autor analisa a postura desencantada e monótona do que classifica como sociedade pós-moderna sobre o que é novo, introduzindo o fato de estarmos em uma sociedade que, segundo ele, conseguiu neutralizar na apatia aquilo que a fundamenta: a mudança. Já não temos nem ídolos nem tabus; doravante é o vazio que nos governa, um vazio no qual o conflito é desinvestido. Ele entende que a idade pós-moderna não é a do auge libidinal e pulsional do modernismo. Ao contrário, é a fase *cool* e desencantada do modernismo, na qual a era do consumo acentua a pacificação dos comportamentos e, em particular, faz diminuir a frequência das rixas e da violência física atrelada a algum projeto histórico. Finaliza afirmando que a evolução dos conflitos sociais violentos é a mesma que a da droga:

> [...] depois da viagem psicodélica dos anos sessenta, marca de contracultura e de revolta, a era da toxicomania banalizada, da depressão sem sonho, da descarga *lumpen* com medicamentos... A violência dessubstancializa-se num culminar hiper-realista sem programa nem ilusão, violência *hard*, desencantada (Lipovetsky, 1993, p. 204).

Entre as contribuições de Lipovetsky, destaca-se como ponto mais relevante a sua noção de apatia distante de qualquer emoção duradoura, com o que se pode contemplar a possibilidade de estarmos em um momento de pacificação dos comportamentos que apenas é entrecortado por atos de violência sem objetivo. E sabemos quanto esses atos se refletem no cotidiano escolar e na clínica psicanalítica.

Vale, aqui, introduzir algumas interessantes reflexões de Costa (1984). Apoiado principalmente em Lasch (1983; 1987), ele se refere ao "narciso de nossa época que se tornou intransigente e tirânico em relação a tudo e a todos que porventura possam opor-se à gratificação imediata de seus desejos" (p. 144). No entanto, acrescenta Costa: "o narcisismo moderno é um 'narcisismo regenerador', posto que este é uma maneira encontrada pelo sujeito para limitar os efeitos violentos da sociedade de consumo" (p. 169). Assim que, "o indivíduo moderno é um indivíduo violentado, antes de ser narcisista" (p. 173). A violência é aqui entendida como qualquer "ação traumática que conduza o psiquismo ou a desestruturar-se completamente ou a responder ao trauma através de mecanismos de defesa, análogos à economia da dor" (p. 185). Mais especificamente, a violência sofrida pelo sujeito hoje "deriva do afastamento entre o comportamento psicológico real do indivíduo e as características do tipo psicológico ideal, tais quais determinados pela cultura" (p. 185).

Aprofundando a discussão sobre os processos de subjetivação contemporâneos, vejamos as reflexões de Sennett.

Ao se referir aos dias de hoje como aqueles em que assistimos ao fim da cultura pública e à crescente política da personalidade que gera um voltar-se para dentro, Sennett (1998) afirma que assim o eu

> [...] é despojado da expressão de certos poderes criativos que todos os seres humanos possuem potencialmente – poderes de jogo – mas que requerem um ambiente à distância do eu para sua realização. Assim sendo, a sociedade intimista faz do indivíduo um ator privado de sua arte (p. 323).

Ao se debruçar sobre a sociedade contemporânea, na qual "as pessoas se tornaram atores sem arte", Sennett nos leva a fazer um confronto entre "jogo e narcisismo, com as forças do narcisismo, agora mobilizadas pela cultura, derrotando o poder de brincar que o ser humano tinha antes de crescer e de adentrar à 'realidade'". Afinal, "através do jogo autodistanciado, a criança aprende que pode trabalhar e retrabalhar regras, que as regras não são verdades imutáveis, mas convenções, sob seu controle". Por fim, "as crianças que jogam aprendem que o relacionamento de estarem juntas depende da elaboração conjunta das regras". Para Sennett, portanto, o narcisismo enfraquece a capacidade de jogo (*Ibidem*, p. 382-392).

Sennett lembra, ainda, que nos dias atuais, há uma "ausência de sentido em meio à atividade". Segundo ele, estamos em uma "cultura do narcisismo" em que as pessoas parecem viver como se "a realidade pudesse ser compreendida através de imagens do eu". E o apagamento da linha divisória entre eu e o outro "significa que nada de novo, nada de 'outro' jamais adentra o eu" (*Ibidem*, p. 394-395).

Sennett questiona se, assim, essa sociedade governada pelas normas do narcisismo e "despojada da crença no público e governada pelo sentimento intimista como uma medida da significação da realidade" não estaria encorajando o aparecimento de sintomas narcisistas como no século passado, quando mobilizou sintomas histéricos. A mobilização do narcisismo tornaria impotente o elemento de jogo expressivo e a reformulação das regras impessoais que regem suas ações. As energias do narcisismo são diferentes das energias da brincadeira porque, com aquelas, as pessoas são passivas, se acham em um "vínculo compulsivo" e aceitam as regras, faltando o jogo. Nessas pessoas, o "interior" é uma realidade absoluta, há nelas um retraimento de suas atividades e a percepção da vida, como conjunto de convenções, é destituída. O autor conclui, então, que "à medida que uma sociedade suscita o narcisismo, ela dá margem a um princípio de expressão inteiramente oposto ao princípio expressivo do jogo". Essa expressividade do jogo, como afirmado, incluiria o outro e as convenções (*Idem, Ibidem*, p. 394 e 409).

Em outra obra, Sennett (2004) analisa a sociedade cuja noção de estado encontra-se em crise e fatores econômicos se sobrepõem a questões políticas. Ela poupa o sistema e culpa o indivíduo por não ter a competência necessária. Nesta sociedade, o indivíduo é considerado o único responsável por seus sofrimentos e fracassos.

Este último autor, mesmo pensando de fora da educação, traz contribuições diretas a este trabalho. Suas referências ao declínio da imaginação, ao empobrecimento da atividade criadora de símbolos, ao fim da cultura pública, à crescente atitude de voltar-se para dentro de si mesmo e, finalmente, ao "fracasso" vivido de uma forma individual, parecem-nos relevantes para pensar em nossa escola e na psicologização de seu cotidiano.

Por fim, vejamos as contribuições de Ehrenberg, sociólogo francês contemporâneo. Ele mostra que, desde os anos 1970, a depressão – que ele chama de "patologia da liberdade", ligada a uma expressão da falta de tensão e forças internas para responder às diversas demandas com que os indivíduos se veem confrontados – torna-se o problema mental mais disseminado no mundo. Ele se pergunta por que e como a depressão se impôs como nossa principal infelicidade íntima. Em que medida ela revela as mutações da individualidade na virada do século XX para o XXI (Ehrenberg, 1998)?

Segundo Ehrenberg, houve, neste período, uma mudança na experiência coletiva das pessoas que, primeiro, exprimiam-se tanto pelo assujeitamento disciplinar quanto pelo conflito, e que agora se veem às voltas com a questão da responsabilidade e da ação. Sendo assim, uma das hipóteses levantadas em seu livro é de que a depressão nos instrui sobre nossa experiência atual porque é a patologia de uma sociedade na qual a norma não é mais fundada sobre a culpabilidade e a disciplina, mas sobre a responsabilidade e a iniciativa.

Ainda segundo Ehrenberg, na sociedade contemporânea passa-se a mensagem de que tudo depende exclusivamente da criatividade e do empenho de cada um, o que faz crescer o sentimento de responsabilidade, porém vivida de uma forma individual. Nesse novo contexto, se os indivíduos não alcançam aquilo que um dia se achavam capazes de alcançar, uma reação possível é a fadiga depressiva. Esta esgota, esvazia e torna o indivíduo incapaz de agir, sendo uma patologia da responsabilidade, uma doença da insuficiência.

A contribuição dada por Ehrenberg (1998) nos parece interessante para ser estendida para os campos da educação e da psicanálise. Desse modo, podemos, por exemplo, questionar quanto a escola acaba por individualizar o êxito ou o fracasso do processo de ensino/aprendizagem, reduzindo questões mais amplas.

A *intersubjetividade a partir de Freud e Winnicott*

Partindo dos pensamentos de Freud, podemos afirmar que a subjetividade se inscreve no registro do social. A constituição subjetiva não é concebida como fechada sobre si mesma, estando sempre aberta para o outro. Ela, portanto, articula-se nos registros individual e social, não havendo oposição entre esses dois registros, como podemos ver, por exemplo, a partir de seu texto "Psicologia das massas e análise do ego" (Freud, 1921).

Na obra de Freud, o que podemos, sim, é nos referir à oposição entre os processos narcísicos e alteritários, permanentemente presentes na subjetividade. Temos certa tendência a nos fechar em nós mesmos mas, também, a nos abrir ao outro. E pensando, particularmente, nos processos de subjetivação contemporâneos, e como já discutido, podemos dizer que estes parecem se inclinar mais para processos narcísicos que alteritários.

Já no que tange ao pensamento de Winnicott, pode-se dizer que ele é um autor que se destaca entre os psicanalistas que afirmam uma perspectiva que se funda na intersubjetividade (isto, claro, lembrando que ele próprio nunca usou este termo e que esta é uma inferência possível de ser feita a partir de suas referências ao que se passa entre mãe e bebê). Ele, claramente, não começa seus argumentos com a ideia de psique originariamente isolada para depois se perguntar como ela se abre para algo heterogêneo a si. Nosso entendimento de Winnicott é de que seu pensamento parte de um relacionamento "intersubjetivo indiferenciado", no caso, mãe-bebê, para depois pensar os dois agentes (ou sujeitos) separados; os quais, portanto, não se constituem enquanto realidades absolutamente heterogêneas.

Em Winnicott podemos entender que o que há de natural no ser humano é uma "tendência inerente do indivíduo a crescer, a se integrar, a se relacionar com objetos, a amadurecer" (Winnicott, 1959, p. 125-126). Entretanto, esta tendência só poderá se concretizar caso encontre condições ambientais capazes de facilitar o seu desenvolvimento. Nesse sentido, é dada uma forte importância ao papel do outro na constituição de si.

Remetendo-nos ao trabalho de Axel Honneth (2003), filósofo alemão que explora a necessidade do reconhecimento mútuo. A partir dele, vemos que a vida social é governada pelo imperativo de mútuo reconhecimento. Só é possível o sujeito desenvolver uma relação a si a partir de uma perspectiva dos parceiros, a quem nos endereçamos socialmente, em uma interação. Acrescenta o autor que, neste reconhecimento mútuo, o sujeito somente pode se expandir se o outro não o constrange.

Honneth (*Ibidem*) estabelece relações entre a obra de Winnicott e a intersubjetividade enquanto critério para uma relação a si. Melhor dizendo, o autor trabalha três padrões de reconhecimento intersubjetivo (amor, direito e solidariedade). Justamente na esfera do amor, ele se refere aos textos do psicanalista inglês a partir dos quais estabelece relações entre a teoria do amadurecimento emocional e a intersubjetividade enquanto critério para uma relação a si.

Ao se remeter à criatividade da criança – que diz respeito à faculdade humana de imaginação em geral – Honneth (*Ibidem*) lembra que esta, desde Winnicott, pressupõe uma "capacidade de estar só", que só pode existir em uma confiança básica sob um cuidado amoroso. Dessa perspectiva, são possíveis *insights* sobre a conexão entre depressão, criatividade e reconhecimento (Maciel, 2002). A habilidade de estar só é dependente da confiança da criança na continuidade dos cuidados maternos. Winnicott refere-se, então, à capacidade de estar só (no sentido de começar a descobrir, sem ansiedades, sua própria vida pessoal), voltando-se sobre a experiência de uma existência continuada do outro digno de confiança.

Repensando a escola

A psicanálise nos diz que, sem uma base de criatividade e confiança, nos submetemos à realidade, ou seja, ao que está fora de nós e já estabelecido. Nesse sentido, cabe aqui uma pergunta: se a escola tiver somente um ensino e uma aprendizagem de conhecimentos prefixados pelos programas curriculares e seus textos didáticos, não estaremos contribuindo para a construção de sujeitos apáticos?

Ao contrário disso, entendemos que a escola pode ser um lugar de criação. Isso se ela não trabalhar apenas no registro da realidade (tampouco somente no registro subjetivo), mas no espaço do "entre" (realidade interna e externa), espaço da brincadeira. É claro que a escola tem seu papel de transmissora da tradição – enquanto conjunto de conhecimentos acumulados, mas o que é exposto pelo professor tem de ser significativo para o aluno. A criação se dá justamente aí, quando o instituído ganha outro sentido. Ou seja, torna-se recriação de sentidos.

Levando-se em conta o que Winnicott diz sobre o espaço transicional, e pensando em termos de educação, a escola pode "potencialmente" ser um lugar de trânsito entre a tradição e a criação. Para que ela exista enquanto "espaço potencial", deve haver um encontro professor/aluno que permita esse trânsito. Nesse sentido, o educar poderia visar à criação de condições para que se estabeleça uma ponte entre a tradição (o já instituído) e a criação (novos conjuntos de conhecimentos a serem acumulados).

Acreditamos que, trabalhando sobre a intersubjetividade do reconhecimento mútuo, a escola, para além de reproduzir o estabelecido ou a "ideologia dominante", pode também ser transformadora, proporcionando inclusive cidadãos mais conscientes. O ambiente educacional pode ser espaço de criação se estiver, portanto, menos voltado para a transmissão hierárquica de conteúdos e mais direcionado para uma aprendizagem que seja intersubjetiva e dialógica.

É necessário esclarecer que a possibilidade de se afirmar o lugar criativo da escola deve-se à possibilidade de superação das teorias que a enxergavam como mera reprodutora de valores dominantes. Ao contrário disso, o espaço educacional também pode ser visto como mobilizador de nossas potencialidades de vida, no qual se criam novos sentidos para as práticas pedagógicas, o que nos faz sair da posição de apatia tão característica de nossa narcísica sociedade contemporânea.

3.

A atualidade de Winnicott para a educação

Nas primeiras décadas do século passado, ao menos aqui no Brasil, pode-se dizer que a contribuição da psicologia (saber a partir do qual a psicanálise vai se adentrando e encontrando espaço de diálogo com o campo da educação) para a escola era, predominantemente, selecionar os mais aptos a partir de certa crença em uma disposição natural. Isso, fundamentada em uma linha psicométrica. Serviços psicológicos clínicos podiam até ser oferecidos aos participantes do universo escolar. Entretanto, eram predominantemente externos a esta instituição.

É apenas nos anos 1970 que alguns psicólogos escolares iniciam uma reflexão mais crítica em relação aos seus trabalhos (Patto, 1990). Junto a isto, muitos começam a valorizar o próprio contexto educacional em seu cotidiano (questionando-se, por exemplo, sobre o que fazer no interior da escola diante dos problemas que enfrentavam), bem como o que as crianças já têm e o que elas trazem de sua vida (ressaltando o protagonismo que elas passam a assumir).

Este é o cenário que a prática psicanalítica encontrou nos últimos anos ao se aproximar da escola em nosso país. Mas e o corpo teórico da psicanálise? Como ele se colocou diante dessas questões?

Sabemos que desde os primeiros textos de Freud, encontramos referências à educação. A começar pelo denominado "Três ensaios sobre a teoria da sexualidade" (1905), quando se refere à educação como sinônimo de repressão da sexualidade. De maneira geral, em toda sua obra se destacam crença e crítica à repressão do campo educacional (majoritariamente religioso de sua época) diante da temática pulsional, própria ao campo psicanalítico.

Sabemos, todavia, que muitos psicanalistas procuraram aproximar psicanálise e educação, mas sem dar muita importância ao estabelecimento de diferenças entre elas. É o caso de Françoise Dolto (1998). É o caso também de Winnicott.

Vejamos este último, mais atentamente.

Textos de Winnicott voltados para questões educacionais

Podemos dizer que Winnicott foi um autor que não demonstrava muita preocupação com marcação de territórios distintos. Creio que isto se deve ao fato de, em seu pensamento, não predominar a dicotomia cultura *versus* pulsão, encontrada mais facilmente em Freud. Dicotomia que me parece sustentar essa marcação de terrenos (como se o papel da educação fosse o de impor cultura e o da psicanálise fosse o de lembrar os variados destinos pulsionais).

Vejamos alguns de seus textos nos quais encontramos questões relativas à educação:

Em "Higiene mental da criança pré-escolar" (Winnicott, 1936a), refere-se à escola como um lugar no qual a criança pode experimentar seus próprios instintos, agora em um ambiente mais protegido que o próprio lar.

Em "A professora, os pais e o médico", Winnicott (1936b) discute a relação da criança para com o professor, o médico e os pais. Alerta para o fato de que a abertura desses agentes para a criança (estando eles mais atentos aos sentimentos inconscientes desta, por exemplo) não se dá em livros e sim em uma "capacidade para a felicidade e alegria de viver sem a negação da seriedade e da dificuldade que esta relação implica" (p. 19). Interessante esse lembrete de Winnicott de que a capacidade de empatia não se obtém nos livros e, sim, advém da capacidade para a alegria!

Em carta dirigida a Bowlby (Winnicott, 1954, p. 80), Winnicott o alerta para o fato de o trabalho deste último estar sendo utilizado como argumento para os que queriam fechar as creches (com base nos supostos efeitos nocivos da separação das crianças de suas mães). Convoca Bowlby a se posicionar. Afinal, alerta que muitas crianças podem ficar bem diante de "cuidados qualificados".

Em "Moral e educação" (Winnicott, 1963), ele afirma que a raiz da moralidade está no favorecimento do ambiente que garanta um amadurecimento. Faz-nos ver, ainda, que os ideais não são impostos, nem vêm de fora do indivíduo. O ideal é algo a ser construído pela criança, pela extensão do gesto espontâneo. Há em cada ser humano uma tendência a tornar-se responsável por suas ações.

Temos aqui, então, uma boa dica para a educação (seja ela formal – entre professores e alunos – ou mais informal, entre pais e filhos). O objetivo da educação, nesta perspectiva, é ajudar a capacidade de a criança "estabelecer ideais". Vemos, então, que educação não é submissão.

Em "A mãe, a professora e as necessidades da criança", Winnicott (1964) refere-se à função da creche de ampliar o papel que a mãe desempenha (especificamente ajudando a criança a sentir que o corpo é um lugar onde habita a psique). Acrescenta que há um processo duplo entre casa e escola: "as tensões que são geradas num ambiente se manifestam como perturbações no comportamento do outro" (p. 223).

Finalmente, citemos o texto "O brincar: uma exposição teórica" (Winnicott, 1971d) quando o autor discute a relação do aluno com o professor e o vínculo do paciente com o terapeuta. Ainda que diferentes (em um primeiro olhar, o professor visa ao enriquecimento da criança, ao transmitir conteúdos; já o terapeuta interessa-se especificamente pelos processos de amadurecimento e pela remoção dos bloqueios ao desenvolvimento), ambas as relações podem ter efeitos terapêuticos por meio do brincar.

Influenciados por Winnicott, psicanalistas brasileiros pensam a educação

Partindo do postulado de Winnicott de que a busca surge do funcionamento amorfo e desconexo ou do brincar rudimentar presente em um estado não integrado da personalidade, muitos psicanalistas investigaram o pensar o criativo, que pode ou não estar presente na educação.

Nesta perspectiva, podemos destacar a necessidade de fornecer *holding* no ambiente escolar. Isso significa tratar cada aluno como ele precisa. O acolhimento adequado pode, por exemplo, ajudar uma criança regida por um *self* falso – geralmente boazinha e obediente – a se tornar mais espontânea.

Basear-se no pensamento de Winnicott para refletir sobre a educação, não necessariamente significa atendimento de consultório às crianças com dificuldades de aprendizagem. Pode-se refletir sobre a própria escola. Cerezer & Outeiral (2011), por exemplo, abordaram diversos temas do atual cotidiano escolar e seus temas correlatos, sustentados, sobretudo, no psicanalista inglês.

Por que Winnicott é atual na educação?

Após este percurso, podemos afirmar a atualidade de seu pensamento. Por que digo isto?

Nos nossos dias, muitos educadores privilegiam o protagonismo da infância, no qual mais que falar do que falta a ela, fala-se do que ela pode (Sarmento, 2008). As crianças são vistas como produtoras de saberes e conhecimentos sobre suas experiências cotidianas. E, com Winnicott, de maneira semelhante, podemos nos referir à positividade da criança e do mundo que pode advir em um espaço de jogo.

Winnicott reconhecia o papel da escola na condição de ambiente facilitador, ou não, do crescimento da criança. Esta instituição pode proporcionar experiência criativa em vez de submissão, adaptação, imitação. Nesse caso, ele é atual por nos permitir sustentar um posicionamento diferente daquele que mandava o aluno-problema para a clínica, fora da escola. Trata-se, então, na medida do possível, de trabalhar na própria escola e com todos os agentes que a compõem.

Ele advogava por uma aprendizagem criativa por meio da qual o indivíduo pode criar e aceitar a realidade (e não, apenas, submeter-se a ela). Esta posição me parece estar em sintonia com muito do que se tem dito hoje entre os educadores (ao fazerem uma crítica, por exemplo, à escola enquanto Instituição moderna, reprodutora e uniformizadora).

Um último ponto a destacar diz respeito à concepção de Winnicott acerca da agressividade. Em seus textos, há referências positivas a ela, enquanto afirmação de si, componente necessário ao aprender (referências que podem ser também encontradas em escolas que tentam não reduzir a agressividade a uma questão de indisciplina).

Enfim, e para finalizar este capítulo, penso que os argumentos discutidos nos permitem afirmar que, na educação, e não somente na clínica psicanalítica, Winnicott é contemporâneo. A partir dele enfatizam-se experiências nas quais se busca proporcionar transformações nas potencialidades dos participantes da cena escolar, segundo o modelo do brincar. É nesse sentido que afirmo um encontro possível entre psicanálise e educação.

4.

A educação inclusiva e a questão da diferença[1]

Neste capítulo pretendo abordar as contribuições da psicanálise ao debate em torno da diferença na educação. Este debate tem se manifestado de várias maneiras. Uma das mais significativas diz respeito à questão da educação inclusiva. Mais especificamente, à educação inclusiva de alunos ditos especiais como os psicóticos.

Faremos, primeiro, uma abordagem política da questão da diferença na educação. Nesse sentido, veremos a problemática da inclusão ou exclusão em tempos de globalização. Entendemos que o direito à diferença nos conduz a uma luta política de combate às desigualdades. Mas, por outro lado, a inclusão tem implicações que muitas vezes são esquecidas, principalmente quando entramos no terreno da prática. Para respeitar as singularidades é fundamental ter consciência

---

[1] Segunda versão do artigo homônimo publicado na *Revista Pulsional* (ano XIX, n. 187, p. 33-41, 2006).

sobre elas e disposição para aceitá-las, ações que nem sempre estão presentes nos modelos de inclusão.

A seguir, veremos quais textos freudianos podem nos auxiliar nesse intuito. O fundamental, nesse caso, é sustentar como a diferença é alicerce do sujeito. Poder conviver com ela é base de uma vida mais pluralista e solidária.

Por fim, vamos ao eixo central deste capítulo, que nos leva a pensar no espaço escolar em seu cotidiano. Em um processo interativo, este espaço pode seguir o caminho no qual as competências dos alunos, tanto os psicóticos quanto os não psicóticos, são trabalhadas e conquistadas de maneira singular. Isto posto, é necessário pensar em uma rede social na qual todos os membros que participam de suas atividades também possam ser incluídos.

Abordagem política da questão

Quando vemos o crescente debate em torno da educação inclusiva e das diferenças identitárias na educação, entendemos estar em questão uma forma de se opor à homogeneização presente no projeto de globalização. Nesse contexto em que há um projeto de governança global, o que assistimos, como uma espécie de resistência a esta homogeneização, é à reemergência, por exemplo, de sentimentos étnicos. Ou seja, na era da globalização, estamos vivendo o conflito entre global e local, bem como entre o papel do Estado e a realização de necessidades sociais específicas.

Como nos mostra Boaventura de Souza Santos (2003), estamos em um momento de "globalização neoliberal" entendido como "um novo regime de acumulação do capital, um regime mais intensamente globalizado que os anteriores" (p. 13). Esse processo tem duas implicações: a dessocialização do capital em relação aos vínculos sociais e políticos – o que até pouco tempo garantia alguma distribuição social; e a submissão da sociedade à lei do valor, a partir do pressuposto de que toda atividade social organiza-se melhor sob a forma de mercado.

Este novo contexto, no entanto, produziu exclusão social. A partir daí, grupos sociais excluídos se organizaram para se opor à exclusão e combinar, em uma luta emancipatória, a luta pela igualdade com a luta pelo reconhecimento das diferenças e das identidades emergentes ou em construção. Boaventura chama isso de "globalização alternativa" (*Idem, Ibidem*, p. 35).

Nestes novos movimentos, não é mais possível

> [...] atribuir a um ator coletivo por excelência, como o proletariado global, o papel principal nas lutas dirigidas contra formas diferentes de opressão e de dominação, envolvendo a emergência de uma correspondente diversidade de sujeitos coletivos (*Idem, Ibidem*).

Afinal, as diferentes situações fazem emergir problemáticas diversas, o que muda tanto os atores como as próprias lutas. Surge, assim, maior pluralidade, com a emergência de novos espaços de resistência, de luta e também de novas práticas políticas. Em todas as possibilidades aí implicadas, o fundamental para nós é a defesa da igualdade – para que a diferença não gere inferioridade – e, paradoxalmente, da diferença – para que a igualdade não implique descaracterização (*Ibidem*).

Ao reivindicarmos o direito à diferença, estabelecemos, portanto, uma luta política de combate às desigualdades. Mas não é, tampouco, um combate que visa atingir uma suposta igualdade em que, por exemplo, o fraco se transforme em forte. Trata-se de combater a desigualdade com a diferença.

Ao contrário do ideal conservador que acredita que as oportunidades são iguais para todos e que a diferença está nos indivíduos (por exemplo, uns nascem mais inteligentes que os outros), cremos que as oportunidades não são iguais para todos e as características de cada indivíduo ou grupo não são respeitadas devidamente (as desigualdades estão na base social). Portanto, levando em consideração este fato, queremos acolher as diferenças entre os sujeitos.

De acordo com o que vimos até agora, a globalização leva a uma unificação do mundo, mas também, em sentido contrário, às tentativas de descomprimi-lo. Este é um tema importante e atual, uma vez que a indiferença tem se constituído em uma característica muito marcante de nossas relações contemporâneas.

Ao nos contrapor, mais especificamente, à indiferença no âmbito da educação, não reivindicamos escolas excludentes. Escolas que seriam, por exemplo, exclusivamente de brancos ou de determinada religião etc. A diferença, aqui, não serve para justificar exclusões escolares. Nesse sentido, cabe uma crítica à psicologia que, muitas vezes, ao se referir a diferenças individuais, foi instrumento e efeito das necessidades da sociedade de selecionar e justificar desigualdades de oportunidades que, em realidade, estavam em sua base.

Sabemos que a inclusão na educação ganhou destaque nos últimos tempos. Os educadores reconhecem a questão como primordial na atualidade. Diversos pontos dessa temática são analisados atentamente, principalmente no que diz respeito aos fundamentos das propostas, às ações concretas e aos limites daquilo que tem sido resolvido.

O ponto de partida para a discussão pode ser o questionamento sobre o que queremos incluir e por quê. Essa inclusão parte do pressuposto de que existem diferentes, sejam estes alunos com dificuldades especiais, índios ou negros. De modo geral, somos todos diferentes, pois o que nos destaca é justamente aquilo que nos torna sujeitos únicos no mundo.

O "deficiente", no entanto, é resultante da interação dessa individualidade com o contexto em que a pessoa está inserida. O valor atribuído a ele é fruto da interação deste indivíduo no contexto em que se localiza, e não algo que lhe é intrínseco.

A situação de deficiência existe quando uma pessoa, com sua diferença, depara com um obstáculo. Acreditamos que, em certo sentido, se forem suprimidas as condições de deficiência – as barreiras colocadas para essas pessoas –, poderão não existir, futuramente, situações de deficiência. Nesses termos, podemos dizer que o problema maior com que deparamos hoje não é reconhecer a diferença, mas tratar desigualmente os diferentes, impor barreiras para a diferença que resultem em deficiência.

A invocação pela inclusão não deve ser algo abstrato ou uma pauta moralista. Acreditamos ser essa invocação uma ocasião para ações concretas, que partem da máxima que afirma a escolarização como um direito fundamental que precisa considerar as condições concretas da inclusão, tais como a articulação entre o projeto individualizado e a prática na sala de aula, o papel dos serviços de ajuda especializada, o papel do pertencimento e a formação dos profissionais. Portanto, para verdadeiramente incluir é necessário preparar todos os envolvidos, caso contrário criamos uma falsa perspectiva e continuamos tratando desigualmente os desiguais, inferiorizando-os, o que pode incorrer em mais prejuízos para essas pessoas. Tratar singularmente é respeitar a diferença combatendo a desigualdade.

Em nossa realidade, ainda deparamos com diversas barreiras para programas mais efetivos de inclusão. O medo da diferença, o estigma com os diferentes, as resistências institucionais para a inclusão, as contradições entre as culturas profissionais são apenas algumas questões que podem ser citadas como empecilhos para uma verdadeira inclusão em nossas escolas.

Ao reivindicarmos, enfim, uma educação inclusiva, vale deixar claro que não estamos deslocando o foco da responsabilidade do Estado para com o indivíduo a ser incluído. Ou seja, é também necessário um projeto político que não reduza as desigualdades a meras questões de solidariedade e tolerância. A pobreza, por exemplo, existe e deve ser também combatida com projetos de políticas públicas que lutem para anular as desigualdades econômicas.

Em nossa realidade, ainda deparamos com diversas barreiras frente a um programa mais efetivo de inclusão. Retornaremos a isso no último item deste texto. No momento, apenas acrescentamos que toda esta discussão nos fez lembrar de uma frase de Boaventura Souza Santos, autor que muito nos ensina. Ele, mesmo se referindo à questão específica da ciência, oferece-nos uma contribuição a este debate. O sociólogo propõe que tenhamos sempre em vista "um paradigma prudente para uma vida descente" (Santos, 1988, p. 60).

Ao pensarmos em um desses paradigmas que nos oriente na problemática da inclusão de alunos psicóticos, escolhemos a psicanálise. Nesse sentido, vejamos o que podemos apreender desta última para nossa discussão.

Mas afinal, o que a psicanálise tem a dizer sobre a diferença entre os sujeitos?

Freud, nas *Novas Conferências*, n. 34 (1932), ao pensar sobre a relação entre psicanálise e educação, escreve:

> [...] E, ademais, devemos levar em conta o fato de que os objetos de nossa influência educacional têm disposições constitucionais inatas muito diferentes, de modo que é quase impossível que o mesmo método educativo possa ser uniformemente bom para todos (p. 182).

O que nos parece interessante nessa afirmação de Freud é a referência indireta à singularidade. Dessa forma, a psicanálise surge como uma crítica possível à educação de massa. Em outras palavras, ela aparece como uma crítica à demanda das escolas pelas classes homogêneas, classes dos iguais.

Para Freud, a diferença funda o sujeito. Para eu saber quem eu sou, qual é a minha identidade, para me situar singularmente, eu preciso da alteridade: eu não sou você. A diferença tem a função de produzir identidades, tanto pessoais quanto sociais. Vale esclarecer que identidade é um conceito que permite entender como nos percebemos e nos definimos. Ela se constrói, simbólica e praticamente, nas relações intersubjetivas.

No texto "O mal-estar na civilização", Freud (1930) afirma que:

> [...] a substituição do poder do indivíduo pelo poder de uma comunidade constitui o passo decisivo da civilização. Sua essência reside no fato de os membros da comunidade se restringirem em suas possibilidades de satisfação, ao passo que o indivíduo desconhece tais restrições. A primeira exigência da civilização, portanto, é a da justiça, ou seja, a garantia de que uma lei, uma vez criada, não será violada em favor de um indivíduo (p. 115).

Isso é necessário porque, afinal de contas, "a agressividade [...] constitui a base de toda relação de afeto e amor entre pessoas" (*Idem, Ibidem,* p. 135). Freud faz neste trecho uma referência à pulsão de morte, sendo esta o maior impedimento à civilização em contraposição a Eros que está a seu serviço.

Entendemos que há aí uma referência indireta à democracia. Esta deve existir como projeto, mas não devemos nos esquecer, por outro lado, de que os conflitos são inevitáveis. Há que se ter, assim parece-nos, generosidade com as diferenças, posto que, com a pulsão de morte, não há possibilidade de se chegar a um consenso definitivo. Este, no máximo, pode estar como meta.

Acreditamos que o reconhecimento da inimizade, das divergências, das diferenças, enfim, é fundamental. Este reconhecimento é a própria possibilidade de sua limitação. O conflito existe e vai sempre existir; não há como suprimir as diferenças. O interessante, então, é suportar a união e a dissociação de todo instante. Isto é o que não reduz o outro ao mesmo, e pode manter sua radical alteridade.

Freud (1921) nos faz pensar em como nos defendemos da diferença, ao afirmar que por trás das guerras, das "intolerâncias", está o "narcisismo das pequenas diferenças" (p. 129). Este é uma expressão do "desprezo" que sentimos pelos outros, o que faz ser necessário encontrar uma "certa distância" entre uns e outros, a fim de controlar nossas hostilidades (*Idem*, 1930, p. 136).

Ainda recorrendo à psicanálise, é fundamental esclarecer que para ela o sujeito se tece no social. Estamos estabelecendo aqui uma visão divergente, e até há algum tempo vigente dentro do próprio campo psicanalítico, daqueles que advogam pela existência de um sujeito isolado, anterior ao social. Entendemos, ao contrário, que há na psicanálise uma articulação indissociável entre o sujeito e o social, entre o particular e o universal, isso, conforme Freud nos faz pensar, por exemplo, em "Psicologia das massas e análise do ego".

Esse texto de Freud nos mostra que há um outro na vida psíquica do sujeito, já que sua singularidade é perpassada pelo coletivo. Quando o bebê, diante da vivência do desamparo, alucina o objeto de satisfação – e esta alucinação falha –, ele é levado a buscar alternativas de satisfação a partir da mediação do outro. Este movimento o põe para fora de sua redoma narcísica autossuficiente, rumo a objetos do mundo. Apropriando-se dos objetos que lhe são oferecidos e, ao mesmo tempo, transformando-os em algo próprio, ele vai se singularizando. O resultado desse processo é uma singularidade que não deixa de ser marcada pelas representações da cultura na qual se insere.

Pensando a educação inclusiva de psicóticos

Se, por um lado, defendemos a educação inclusiva, por outro, sabemos que ela não pode e não deve ser inclusiva de todos e a todo o custo. Cada aluno é único, singular.

Quanto às crianças psicóticas, uma questão relevante é a de que nelas não há "sujeito" no sentido mais pleno do termo. Explicando melhor. Estes ficaram dependentes daquele que exerceu função materna e repetem a sua linguagem sem se separar deles. Desse modo, na escola, como dar algo igual a todos, para que aí mostrem suas diferenças, quando ainda não há um sujeito separado plenamente?

Temos, então, uma questão delicada com essas crianças ditas psicóticas. Sabemos que elas podem se perturbar com tantas falas existentes no espaço escolar. Em outras palavras, elas facilmente se sentem invadidas pelo outro, principalmente no que diz respeito às suas subjetividades.

A escola – sem um trabalho prévio em que se mostre que o outro não é tão onipotente, que também é atravessado pela castração –, pode ser para estas crianças um lugar de sofrimento. Então, a bandeira da inclusão é aqui relativizada.

Depende, nesses casos, dos arremedos de função paterna que a escola consiga fabricar (Jerusalinsky, 1997). Não deixamos de assinalar, contudo, que o professor pode ser alguém que mostre o que psicanaliticamente é chamado de Outro castrado e, dessa maneira, contribuir para a possibilidade de esta criança se constituir como um sujeito singular.

Para essas crianças, Kupfer (2001) aposta na possibilidade de uma educação psicanaliticamente orientada. Isto se esta educação visar instalar a criança na ordem simbólica pela travessia do Édipo. Essa autora concebe o educador como podendo ser um "mestre não todo" semelhante à posição do analista que assinala o sujeito com marcas de desejo. Afinal, se é verdade que na criança dita psicótica "o que falta é a falta" (p. 93), a função da instituição escolar, nesse tipo de interpretação, é engendrar a inscrição dessa falta do Outro (já que para essa criança o Outro não está barrado e, por isso, pode ser perseguidor). A falta permite ao sujeito, que é também produtor de sentidos, advir mais plenamente.

Em termos mais práticos, a autora supracitada propõe que a Instituição que lida com crianças psicóticas forneça conteúdos ideativos, conte estórias, trabalhe com música, passeios, festas, enfim, aposte no valor da imaginação como instrumento que engendre a inscrição primordial do sujeito no simbólico. A escola tem o papel de promover o instituído que produz efeitos. Isto, contudo, sem esquecer que nela também há espaço para o instituinte. Ou seja, para a emergência do novo, de sujeitos que podem ser capazes de criação de novos sentidos.

Dado que a psicanálise, em seus primórdios, tentou resgatar o sujeito histérico da exclusão social – uma vez que ela possibilita que os sentidos de seus sintomas sejam escutados e não mais encobertos pelo mal-estar físico – aqui se trata de resgatar o sujeito psicótico da exclusão escolar. Ao tentar promover essa inclusão, entendemos que é necessário escutar pais, educadores e alunos na tentativa de que esta criança seja compreendida e auxiliada para além da fragilidade demonstrada.

Escutá-las, apenas, não é suficiente. Preparar os agentes cuidadores para lidar com esses alunos é algo fundamental. Querer incluir nem sempre é sinônimo de possibilidade para dar o suporte efetivo ao sujeito. O suporte, nesse caso, parece-me passar pelo estabelecimento de um ambiente de confiança. Se há a confiança, é possível ocorrer aprendizagem, que passa a ser vista como uma conquista.

A capacidade de aprendizagem tende a se expandir, caso o aluno se sinta acolhido, receba apoio e possa se perceber criativo. Criatividade esta que, em uma sociedade diversificada, só se beneficia e se transforma no encontro com as diferenças (físicas, emocionais, étnicas e culturais).

Para que não precisemos optar sempre por turmas "especiais" para alunos "especiais", nem para que os alunos ditos "diferentes" sejam discriminados ao frequentar turmas ditas "normais", parece-nos fundamental que nelas seus participantes sejam bem atendidos e tenham suas características cuidadas e respeitadas.

Comentários

A questão da educação inclusiva foi aqui, inicialmente, abordada no nível da política. Trata-se de estabelecer diálogos entre culturas, grupos e sujeitos a fim de criar as disponibilidades para a construção de vidas mais plurais e compartilhadas. Mas, além de passar pelas questões das políticas públicas, a educação inclusiva envolve outro nível de análise. Ela é algo para ser pensado e decidido no cotidiano das relações que se tecem no espaço escolar. Para melhor compreender essas relações, passamos pelas contribuições da psicanálise sobre esta questão.

A escolarização é um direito de todos. No entanto, a inclusão não é uma evidência, nem é fácil de obter. É necessário refletir e ter clareza sobre o que são necessidades e características especiais, quais são suas implicações, para daí pensar em proposições e ações concretas que levem em consideração a singularidade de cada criança.

Segunda parte

Psicanálise e espaço escolar

5.

A CRECHE COMO "TERCEIRO"[1]

Ao coordenar "grupos de discussão" com agentes cuidadores/educadores ligados à rede municipal do Rio de Janeiro, fui levada a refletir sobre educação infantil. Sabemos que a creche foi influenciada por visões sobre o desenvolvimento humano que tinham o foco tanto no indivíduo quanto na díade mãe-bebê; neste capítulo, contudo, vamos pensá-la a partir da tríade pai-mãe-bebê – mais especificamente, vamos problematizá-la a partir da noção de "terceiro"[2]. Esta perspectiva se torna pertinente à medida que compreendermos o bebê a partir da concepção de constituição subjetiva sustentada pelo paradigma edípico; aqui, abordaremos esta noção psicanalítica e a prática que a partir dela podemos estabelecer na creche.

---

1 Segunda versão do artigo homônimo publicado na *Revista Inter-ação* (v. 35, n. 2, p. 405-414, 2010).

2 A díade mãe-bebê será o ponto de partida do capítulo seguinte.

O "*terceiro*" *do ponto de vista psicanalítico*

Penso que devemos nos afastar de uma psicanálise calcada em modelos tanto higienista-assistencialista quanto psicopedagógico – que estiveram subjacentes às práticas educativas em certa época –, e que ditaram regras normativas e condutas de estimulação das capacidades das crianças em um risco de psicologizar o espaço escolar. Por sinal, entendo que a psicanálise, por não querer mais ser interpretada assim, acabou se afastando da educação (Mariotto, 2009).

Esse afastamento deixou espaço aberto para que a tradicional psicologia do desenvolvimento ocupasse terreno na educação infantil. Como, todavia, não queremos nos afastar da educação e queremos nos manter psicanalistas pensando questões relativas à educação infantil, pretendo, neste capítulo, dar ênfase aos aspectos edípicos constitutivos das subjetividades das crianças pequenas.

Entendemos a noção de "terceiro" como algo que faz sentido ser pensado a partir da questão edípica. Esta se refere à função paterna que delimita a relação entre o filho e a função materna, exigindo renúncias e fornecendo dispositivos simbólicos de marcações de diferenças. Vale esclarecer que essas duas funções estão interligadas; afinal, a paterna deve estar presente na materna, desde sempre. Somente assim, a mãe, ela própria, poderá interditar seu gozo com relação ao filho.

Os aspectos edípicos são constitutivos da subjetividade e referem-se ao tempo do Inconsciente. Quanto a este tempo, Freud (1905), ao pensar no desenvolvimento infantil, deu margem tanto para ser interpretado desde etapas progressivas do desenvolvimento psicossexual, numa espécie de concepção de tempo linear, quanto para ser interpretado a partir de sua postulação das fases dando-se concomitantemente. Esta última postulação pode ser encontrada no texto "Mal-estar na civilização" (Freud, 1930), quando o autor, ao tecer curiosa analogia do psiquismo com a cidade de Roma, postulou a possibilidade de preservar as fases do desenvolvimento da mente. Estas etapas, portanto, existem paralelamente, sendo o Inconsciente "atemporal".

Seus textos são passíveis de várias leituras. Pretendo privilegiar, neste capítulo, a perspectiva lacaniana, que pensa em termos de sujeito inconsciente de linguagem e de desejo; mais que de desenvolvimento, trata-se aqui de subjetivação atrelada à questão da estrutura. Afinal, do ponto de vista lacaniano, o ritmo do desenvolvimento é marcado pelo desejo do Outro e não por uma regulação biológica predeterminada.

Retornemos por um momento às bases freudianas da argumentação de Lacan. Desde Freud, o "Eu" é concebido como estreitamento ligado à noção de "ação específica" (Freud, 1895). Isso quer dizer que o Eu se constitui à imagem de uma rede complexa de inscrições de memória, recalcada, de vivências de satisfação e de dor. Essas inscrições podem ser entendidas como trilhamentos, precipitados de vivência.

A "ação específica" compreende uma interação complexa entre as descargas sensoriais e motoras – de início em desordem (o choro e o espernear) – e a ajuda alheia dessa ação (a amamentação, por exemplo). O bebê começa a ter imagens de movimento de si, significando a apropriação da vivência. Ele vai registrando o que ocorre no meio, entre o impulso e a satisfação. O Eu nasce, portanto, como um desvio da pura necessidade, que vai permitindo a obtenção de prazer – motor e sensório – na interação, no "brincar" dos corpos.

O organismo humano, portanto, é incapaz de levar a cabo a "ação específica" do Eu que descarrega as excitações vindas do mundo externo e interno. Ele precisa de uma "assistência alheia" para criar vias de descarga. Quanto a esta assistência alheia, Lacan refere-se a dois outros: um com "O" maiúsculo e um com "o" minúsculo (Lacan, 1954/1955). O primeiro Outro, anteriormente citado, é entendido enquanto lugar da linguagem, marco constituinte da subjetividade. Refere-se à ordem simbólica do Inconsciente, que submete o sujeito (que, de certa forma, é assujeitado ao campo do Outro). Este Outro mediatiza a relação do outro cuidador com o bebê. Em contraponto, o segundo outro é o semelhante imaginário que se relaciona com o Eu (*moi*), constituindo o eu especular.

Para o tema discutido neste capítulo, além da questão do Outro e do outro, merece indicação o que Lacan nos diz sobre a questão do pai. O pai é tido como importante para a liberdade da criança em relação à mãe. Essa posição terceira transmite o desejo, ensina à criança o poder de se separar da mãe, ensina a liberdade possível.

Como veremos em seguida, essa liberdade de escolha pode ser também entendida a partir de três registros: o imaginário, o simbólico e o real. Com relação a este último, trata-se do impossível de se inscrever ou daquilo que escapa ao simbólico; com o real, o grande Outro não é absoluto, não pode tudo, algo falta a ele. E é por conta desta falta real no grande Outro, que o sujeito pode escolher.

A *atuação do educador na creche*

Conforme o modelo teórico construído por Lacan, deve-se reconhecer que há sempre um furo no simbólico; do meu ponto de vista, é nesse vazio que o ato educativo deve se dar. Pois, pensando dessa maneira, há sempre um furo no saber do Outro; se não houvesse isso, o sujeito poderia ficar aprisionado à estrutura. Porém, justamente quando Lacan se refere ao real enquanto limite ao simbólico que nos constitui, há aí um espaço de liberdade possível.

Com base nisso, postulamos que os educadores podem apontar ideais para as crianças, mas não ficarem no lugar de "ideal de eu" dos alunos. Devemos, aqui, explicitar a contraposição entre as categorias de idealização e de ideais, partindo das indicações deixadas por Freud e relidas por

Lacan. Essa última categoria – a de ideais – é necessária para a constituição do sujeito assim como para a mobilidade de seus desejos, uma vez que ele não se constitui sozinho e que o ideal de eu supõe um terceiro. O sujeito constitui-se na relação com o outro e esta é intermediada por ideais vindos do Outro que, por seu turno, não é completo.

Infortunadamente, vivemos em um momento no qual o que assistimos é à crescente idealização dos objetos, apresentados de forma tirânica. O desejo pelo objeto é substituído pela necessidade e servidão a ele. Nessa lógica, o educador pode, por exemplo, querer submeter a criança não a reconhecendo como sujeito de desejo. É justamente esta a questão que devemos trabalhar junto aos agentes cuidadores/educadores.

Esse trabalho não se faz sem uma reflexão sobre ética e subjetivação. Para isso, devemos pensar nas relações entre os seres humanos no mundo atual. Nesse sentido, a sociedade de consumo pode servir-nos de contexto diante do qual refletimos sobre os modos de constituição e satisfação libidinal do sujeito contemporâneo. Podemos dizer que o sujeito, hoje, está paralisado, gozando apenas com o que consome de forma compulsiva. Acreditamos, nesse sentido, que a ética do educador na condução do processo educativo pode ser a de oferecer representantes de palavra, enriquecendo o campo simbólico, não esquecendo, todavia, da não completude deste mesmo campo.

Isto que chamamos de "ética do educador", de certa forma, oferece resistência a esse mundo tal qual o descrevemos anteriormente. Afinal, nossa sociedade, haja vista o que já nos diziam os teóricos da denominada "Escola de Frankfurt", acabou por apoderar-se totalmente da possibilidade de administrar nossa busca de prazer e nos oferece seus vários objetos de consumo enquanto promessa dessa satisfação. O poder da sociedade, que começou com processos repressivos, parece agora se exercer como um imperativo de gozo. Ou seja, não mais reprimindo o gozo, mas estimulando-o.

Devemos nos lembrar, todavia, que mesmo o educador trabalhando no sentido de enriquecer o campo simbólico como tentativa de barrar o gozo do consumo desenfreado, algo vai sempre escapar desse seu objetivo. Isso porque, como nos afirma Lacan, a pulsão, mesmo plástica, exige certa satisfação direta. Ou seja, satisfação que não passa por qualquer objeto cultural. Portanto, se por um lado, a sublimação permite "colonizar com suas formações imaginárias o campo de *das Ding*" ["A Coisa"] (Lacan, 1959-1960, p. 125), por outro, esse campo de descanso pulsional nunca é completo. Em outras palavras: por um lado, a "sublimação eleva um objeto à dignidade da Coisa" (*Idem*, *Ibidem*, p. 140), por outro, a pulsão nunca deixa de insistir. Isso nos permite afirmar que, apesar da existência da atividade sublimatória na qual encontramos os objetos possíveis de prazer, sobra sempre um gozo pulsional. Ou seja, nem todo gozo pulsional é transformável em desejo.

A sociedade em que nos encontramos, caracterizada como sociedade de consumo, passou da repressão do gozo para sua estimulação. Parece que estamos diante de uma nova ordem social; uma sociedade que está sempre oferecendo novos objetos de consumo e que parece saber que a pulsão não se satisfaz totalmente com nenhum deles, visto que não há vínculo entre imperativo de gozo e conteúdos normativos privilegiados. Como diz Safatle (2006), passamos de uma sociedade da satisfação administrada para uma sociedade da insatisfação administrada; de um controle-repressão para um controle-estimulação.

Atualmente, estamos diante de um mundo, como afirmou Zizek (1999), em que a sociedade legitima o gozo (e não nos esqueçamos de que a promessa da vivência desse gozo sem limite é a promessa que o perverso faz ao neurótico). Zizek faz-nos pensar que, talvez, estejamos diante do que se convencionou chamar, no senso comum, de ausência de pai ou, o que seria o outro lado da moeda, diante de um pai obsceno que impõe o gozo como obrigação. Em outras palavras, mais freudianas, podemos dizer que é como se, hoje, o Id e o Superego fizessem um pacto sem levar em consideração o Ego.

Discussão

Ao longo da história, a educação dos bebês deu ênfase à função da mãe, podendo a creche ser considerada um aparato institucional para substituir sua ausência. Pela teoria discutida neste trabalho, lembramo-nos também da função paterna. Deparamos com a noção de Outro provedor que responderá ao grito, ao apelo do bebê, mas que também porá limite a ele.

Sabemos que os educadores de creche são muito importantes nas marcas deixadas no processo de subjetivação dos bebês que frequentam essa instituição. Porém, cabe aqui um adendo sobre semelhanças e diferenças entre educadores e pais. A partir da perspectiva teórica discutida neste capítulo, problematizemos, então, esta questão.

Os educadores exercem a maternagem, mas não propriamente a função materna. Uma coisa é o Outro primordial, que vai inserir a criança em uma ordem filial, outra, a maternagem do Outro, cuidador, imerso nas ordens da escola, tendo de inserir a criança em determinado grupo social. O trabalho do educador com os bebês exige um contato íntimo, porém profissional, diferente do que acontece com os pais. Se a relação entre pais e filhos tende a ser cheia de desejos e expectativas anteriores ao próprio nascimento da criança, a relação dos cuidados com as crianças é de outra ordem; para começar, estamos referindo-nos a crianças e adultos que não têm história em comum e que vão se relacionar com tempo limitado, apesar de longo e diário (Aragão, 2009).

Neste momento, podemos retomar o título deste capítulo: a creche como "terceiro". Se os educadores podem ter ambivalências com relação às crianças bem como sentir rivalidades com relação aos pais (e vice-versa), a possibilidade de esta instituição ser vista como um terceiro pode auxiliar no trabalho acerca de suas fantasias inconscientes. Da mesma maneira, a creche pode funcionar como terceiro nas relações entre crianças, pais e educadores. Quando necessário, uma espécie de organizador dessas relações.

6.

A CRECHE E O DESENVOLVIMENTO INFANTIL: UM AMBIENTE SUFICIENTEMENTE BOM?

Experiências em creches e o cuidado das crianças

Este texto foi escrito a partir de minha experiência como psicóloga em uma creche particular do Rio de Janeiro. Esse foi um momento de intenso contato com bebês e com quem cuida deles, quando pude deparar com toda a dimensão não verbal das trocas inicias.

Naquela instituição, procurava circular por todos os seus espaços, falando com todos os seus componentes, das cozinheiras à diretora, passando pelas crianças, professores e pais. Em um desses passeios, lembro-me de um menino de três anos que, quando entrei na sua sala, me chamou para um canto e disse que queria conversar. Após minha concordância, ele continuou: "quero matar minha mãe!". E prosseguiu falando de suas decepções para com ela. Então, vi que era possível estabelecer um lugar de confiança, no qual os membros daquela Instituição vinham falar comigo de suas questões (o que até me permitiu fazer ligações com a tradicional clínica psicanalítica!).

Quanto ao contato com os agentes cuidadores, foi possível observar que eles não percebiam, inicialmente, o quanto aquela convivência com os bebês mobilizava suas próprias experiências quando crianças. Recordo-me de uma educadora que era muito rígida com sua turma e, aos poucos, em nossos encontros, foi me falando da falta materna, como, a partir da morte da mãe, foi se tornando uma pessoa rígida, semelhante à própria mãe e, finalmente, repetindo-a na forma como se relacionava com os bebês. Assim nossas conversas permitiram que ela avançasse na compreensão de o quanto os bebês a mobilizavam subjetivamente.

Era também comum escutar queixas por parte dos agentes cuidadores de que os pais das crianças delegavam a eles papéis que, segundo seus pontos de vista, deveriam ser exercidos pelos genitores. Por exemplo, reclamavam que alguns pais não trabalhavam e, "mesmo sem precisar" (*sic*), colocavam seus filhos na creche! Como se a creche fosse um mal a ser evitado ou somente utilizado quando na ausência materna ou paterna. Isso me levou a pensar sobre a rivalidade dos educadores com os pais, e vice-versa. Era notória certa competição, no sentido de ver quem cuidava melhor ou pior da criança.

Inegável, contudo, é a constatação de que as creches são instituições presentes cada vez mais no cotidiano das famílias. Seriam elas alternativas a ser evitadas, já que envolvem separações entre a criança e sua mãe? Acredito que não. Afinal, o cuidado de múltiplos adultos e a convivência com diferentes crianças podem ser encarados como positivos, na medida em que permitam uma convivência gradual com a diversidade. Claro está que essas relações são diferentes da relação mãe-bebê. Porém, as diferenças não as fazem, necessariamente, menores ou algo a ser poupado das experiências das crianças. Além do mais, em nosso atual contexto, a creche, muitas vezes, tem sido o lugar no qual os pequenos encontram maior estabilidade!

No sentido de sustentar este ponto de vista, recordo aqui a carta de Winnicott a Bowlby, na qual convocava este último a se posicionar contra o encerramento das atividades de creches, assinalando que os favoráveis ao fechamento estavam se respaldando em seus trabalhos sobre os efeitos nocivos da separação de crianças de suas mães (Winnicott, 1954). Então, cabe aqui uma pergunta: se Winnicott, desde aquela época, era capaz de defender a existência de creches, por que nós não seríamos?

Em prol da criança, contudo, acredito na importância da convivência "suficientemente boa" entre educadores e pais. Sendo assim, procurei nesse trabalho na creche, fazer que cada um de seus membros tentasse se colocar no lugar do outro. A proposta era propiciar encontro com as semelhanças e as diferenças entre cada um de nós.

O que acho fundamental é incentivar reuniões entre educadores e pais. Para sustentar tal proposta, cito o que me foi relatado por um colega psicanalista. Este me contou o que se passou com um bebê de alguns meses que, quando seus pais, de noite, iam colocá-lo para dormir, emitia um som (quase uma melodia musical). Preocupados, os pais foram procurar a diretora da creche na qual o filho passava boa parte do dia. Ela, por seu turno, chamou a cuidadora/educadora da criança que pôde esclarecer (ao pedir para os pais reproduzirem o som que a criança emitia) que aquela era a música que cantava para os bebês quando iam dormir (na hora institucionalmente prevista para tal). Então, o menino não estava em sofrimento (ao menos ainda!). De certa forma, ele estava "se ninando". E, com esse esclarecimento, os pais decidiram também cantar a mesma música, em casa, ao colocarem o filho para dormir. Este relato me fez pensar na importância de um ritmo nos cuidados com o bebê, a fim de facilitar o seu "sentimento de continuidade da existência".

Um pouco de Freud

Para que o bebê possa se constituir psiquicamente, é necessário que passe por experiências nas quais haja continuidade de investimento afetivo. Ser alguém, nesse caso, é algo que se tece a partir de formas de pertencimento e reconhecimento, em um jogo vivido com o outro que nos investe afetivamente.

Recordemos um pouco de Freud que, afinal, foi quem inaugurou novas maneiras de conceber o desenvolvimento infantil, e em cuja obra eu mesma encontro minhas origens reflexivas sobre a questão.

Em "Três ensaios sobre a teoria da sexualidade", Freud (1905) adotou um referencial anatomofisiológico na sua elaboração da noção de zonas erógenas (certas regiões do corpo seriam consideradas predestinadas para fins sexuais). Este seu enfoque deu margem a interpretações que o julgaram reduzindo as fases psicossexuais às bases biogenéticas do comportamento, o que poderia nos fazer supor uma predeterminação dos destinos da libido. Todavia, nesse mesmo texto, podemos encontrar um acréscimo de nota de rodapé bem posterior ao ano de publicação do texto de 1905 (acrescentado em 1915, p. 188), no qual o autor afirma ter refletido mais e atribuído qualidade de *erogeneidade* a todas as partes do corpo.

Questões sobre o narcisismo auxiliaram Freud (1915a) a sustentar que o corpo é fantasmático, erógeno, e não anatomofisiológico, o que nos permite separá-lo de uma interpretação apriorística de fases da evolução da libido. Entendemos que a noção de erogeneidade, na medida em que significa que qualquer região do corpo tem capacidade de ser fonte de uma excitação sexual, já rompe com um enfoque apriorístico.

Vemos, portanto, que o corpo em psicanálise é um corpo fantasmático que vai tomando forma a partir dos cuidados que recebe. Desde esses primeiros textos freudianos até hoje, todavia, muito se disse sobre os bebês e os cuidados recebidos. Se, atualmente, é fato que os bebes são cuidados por muitos (pais, educadores etc.), da mesma forma também podemos apurar a questão e perceber que há vários modos dos próprios agentes cuidadores se colocarem. A maneira como permitem que o bebê crie seus sentidos varia. Como nos lembra Figueiredo (2009), eles podem sustentar/conter; reconhecer; interpelar/reclamar etc.

Recorrendo a Winnicott

Winnicott (1949) postula que, inicialmente, uma unidade psicossomática precisa se estabelecer. Somente a partir daí podemos falar de subjetividade ou de intersubjetividade (quando ambos os sujeitos não estejam mais descentrados de si). Essa unidade psicossomática vai se criando a partir das necessidades biológicas em interação com o outro cuidador.

A unidade psicossomática vai se formando a partir da "ilusão onipotente" do bebê. Ou seja, ele é concebido como capaz de elaboração imaginativa das funções corporais (forma bastante rudimentar de imaginação ativa desde o nascimento) e pode se utilizar de relações exploratórias com os objetos, antes mesmo de descobrir que existem objetos. Assim, nessas explorações, em sua ilusão de onipotência e sob condições normais, o pequeno infante pode "criar o seio".

É o que Winnicott chama de "objeto subjetivo". Esse processo de elaboração imaginativa primária do bebê precisa ser sustentado pelos cuidados maternos até que ele próprio seja capaz de ir dando sentido ao funcionamento de seu corpo na sua relação com o ambiente. Assim, ele vai, gradualmente, conquistando um psiquismo.

Em um segundo momento, no entanto, o bebê vive o gradual desilusionamento, quando o cuidador vai falhando em pequenas doses. Aí, sim, aparecem os "objetos transicionais". E a alteridade, do ponto de vista do bebê, pode, então, ir se apresentando.

Apoiados em Winnicott, podemos afirmar que a existência originária, tanto do eu quanto do outro, pode ser vista como se tratando de experiência de "intercorporeidade" (Coelho Junior, 2012; Naffah Neto, 2012).

Intercorporeidade e intersubjetividade: uma introdução

A ideia de intercorporeidade nos distancia de uma maneira de postular a constituição psíquica que, neste caso, estaria em contraposição ao outro. Em contraste, estamos nos referindo a algo tão elementar e primário que a competição já representaria uma diferenciação entre sujeito e objeto que não é o que se percebe nos primórdios da vida psíquica. Parto minhas reflexões, portanto, da postulação de uma experiência corporal, anterior à diferenciação entre sujeito e objeto.

Para além da dimensão "intrapsíquica" (referida ao "interior" da subjetividade), a dimensão "intercorpórea" da existência originária evoca a questão "intersubjetiva" (esclarecendo, todavia, que este termo não se encontra em Winnicott, mas que, para se referir a algo que se passa entre o bebê e o cuidador e marca a existência originária, tanto do eu quanto do outro, foi, aqui, assim denominado). Esse último termo tem se imposto nas discussões psicanalíticas. Particularmente, entendo que devemos trabalhar na tensão entre essas dimensões (intercorpórea, intersubjetiva e intrapsíquica). No caso da chamada "intersubjetividade", mais que concebê-la via confronto e representações, pode-se pensá-la a partir do corpo vivido, de modalidades pré-subjetivas de existência.

Esses debates nos possibilitaram referir a uma "intersubjetividade intrapsíquica", na qual se aceita as experiências "intersubjetivas" estabelecidas no "interior" das subjetividades. Entendo que Roussillon (2012), esforçando-se nesta direção que é a de não dissociar intersubjetivo e intrapsíquico, lembra que, em contraste com o que ficou emblemático no "Discurso de Roma" de Lacan, a escuta psicanalítica deveria se estender, a fim de abranger as condições da diferença eu/não eu (tanto em relação à capacidade do eu de se ligar ao não eu quanto a se diferenciar dele).

Segundo o autor, Freud (1937b) já mencionava isso em "Construções em análise", texto no qual indicava que as experiências precoces que tendem a se repetir compulsivamente, são aquelas que não puderam ser integradas em virtude da fragilidade de síntese. Nesse caso, trata-se de reconstruir as experiências históricas implicadas para integrá-las na trama da subjetividade.

Roussillon (2012) sustenta que, da mesma maneira que a criança "pré-verbal" utiliza o afeto, o corpo, a motricidade, para comunicar e dar a conhecer como está se sentindo, os sujeitos atormentados por formas de sofrimento narcísico-identitário em relação com traumatismos precoces utilizarão também estes diferentes registros de expressão. Estariam, nesse caso, tentando comunicá-los e tentando fazer que sejam reconhecidos. Acrescenta, por fim, que quando as experiências arcaicas são carregadas de prazer, elas tendem a se inscrever em formas rítmicas elementares.

Longe, portanto, de uma perspectiva na qual os outros são vistos como obstáculos, como antagônicos, postulamos uma mudança de perspectiva em que, com a observação de bebês, mentes são transformadas em entes corporificados. Nesse tipo de encaminhamento, o corpo vivido é visto como aberto, perceptivo e socialmente interativo. A condição intersubjetiva nesse paradigma emergente é a experiência de um solo acolhedor, em que a alteridade, em seu caráter de inclusão primordial, emerge como constituinte de experiências subjetivas (Reis, 2012).

Revendo o desenvolvimento infantil

No contato com os próprios bebês, na creche, foi possível observar, por exemplo, quanto o tônus muscular depende de uma relação, espécie de diálogo tônico, estabelecida entre cuidador e criança. Entendo que essa espécie de diálogo não se estabelece somente com a mãe. Nessas instituições, é nítido como outros cuidadores também estão implicados no desenvolvimento dos pequenos.

Estou pensando no desenvolvimento da criança como uma espécie de rede aberta e complexa. Isto, respaldada por autores que postulam um bebê que, por exemplo, na musicalidade e no ritmo da comunicação, interage e entra em sintonia afetiva com seus adultos.

Stern (1987) introduziu a ideia de "afetos de vitalidade", ressaltando a intensidade e o movimento do afeto (e não, apenas, seu conteúdo formal). Seguindo esta direção, o início do percurso subjetivo do bebê se dá por meio de modalidades afetivas que se diferenciam dos afetos categóricos (alegria, tristeza, raiva). Essas modalidades afetivas pertencem ao domínio das experiências que permitem ao bebê "sentir-se com". Isto antes de compreender intelectualmente o que se passa.

Nesse mesmo diapasão, hoje alguns psicólogos do desenvolvimento, como é o caso de Rochat (2012), ao estudar os bebês, afirmam que, desde o nascimento, eles são ativos (particularmente no processamento de informações invariantes em situações de mudança). Ou seja, suas inclinações para examinar novidades escondem uma busca profunda por similaridade. Isto é, eles buscam encontrar regularidades no ambiente. Em outras palavras, somos feitos de maneira tal que estamos, principalmente, preocupados com a percepção do que permanece o mesmo em meio a tantas mudanças.

Ainda segundo Rochat (*Ibidem*), a experiência subjetiva é fundamentalmente dinâmica e mutante. O bebê não nasce cognitivamente passivo e desorganizado. Ainda que prematuro, o que o leva a um estado de prolongada dependência, o bebê vem ao mundo bem mais equipado para explorar seu estado de dependência que supúnhamos. Ele começa a vida podendo confluir as modalidades sensoriais (associando experiências sensórias em um centro afetivo e transferindo, por exemplo, o aprendizado da modalidade auditiva para a visual), o que é chamado de sinestesia. Outra característica dos primórdios da vida psíquica é a possibilidade de combinar o "eu" e a representação dos outros em uma espécie de empática imitação (observada na imitação facial em recém-nascidos). Em suma, em vez da confusão cognitiva, "a vida psíquica começa em um estado de unidade feito de correspondências entre diversas experiências sensórias, que se originam de dentro ou de fora do corpo" (Rochat, 2012, p. 158).

O autor supracitado exemplifica (a fim de demonstrar uma inconfundível "intersubjetividade primária") o que pode ser observado por volta das seis semanas de vida, quando os bebês começam a responder a rostos com sorrisos socialmente provocados. Rochat (*Ibidem*) considera que, nesse caso, estamos diante de trocas face a face, destinadas a correlacionar sentimentos e criar uma sintonia afetiva mútua. Por fim, nos leva a concluir que há um comportamento, desde o nascimento, de busca por filiação social, a fim de evitar o isolamento e a exclusão.

Comentários

Voltemos ao tema inicial da creche, agora respaldados pela necessidade de reconhecer, simultaneamente, as dimensões intercorpórea, intersubjetiva e intrapsíquica de nossa constituição.

A "continuidade do ser" (tão evocada por Winnicott) vai permitir que, efetivamente, o bebê se insira na rede de significações própria da realidade compartilhada e possa transformá-la. Então, a humanização do homem se dá, assim, por meio do que podemos chamar de sentidos do seu ser que, no entanto, só existem efetivamente a partir de "cuidados" contínuos. E, retomando o início do texto, é possível dizer que hoje esses cuidados contínuos muitas vezes têm sido exercidos pela creche/escola!

Isso tem me feito mudar o que pensava sobre essas Instituições. As creches estão presentes cada vez mais no cotidiano das famílias. Seriam elas alternativas a ser evitadas já que envolveriam separações diárias da mãe? Acredito que não necessariamente. Afinal, e como já havia afirmado anteriormente, o cuidado de múltiplos adultos e a convivência com diferentes crianças podem ser encarados positivamente, na medida em que permitam uma gradual convivência com a alteridade e a diversidade.

O agente cuidador de creche é aquele que insere a criança em um coletivo (em um grupo de crianças, em um contato profissional com tempo limitado), e a mãe tende a ser aquela que tem uma relação mais passional com seu filho. De qualquer maneira, em prol de bebês que possam passar por experiências menos fragmentadas, o que acho necessário manter são momentos de diálogo entre pais e educadores.

Penso que uma educação infantil formal de qualidade pode ser aquela que valoriza as iniciativas das crianças e as suas relações múltiplas, porém estáveis. Essas relações estáveis, por exemplo, na rotina e no vínculo entre bebê e educador, podem contribuir para um sentimento de continuidade experimentado pelo bebê ao longo das diversas vivências no seu dia a dia. A rotina pode ser norteadora e construtora de confiança. E sabemos quanto a confiança gerada pelo "ambiente suficientemente bom" é importante para a existência de uma unidade psicossomática e uma, posterior, subjetividade integrada.

Em termos mais práticos, quanto aos agentes cuidadores/educadores, penso ser uma boa medida o estímulo ao toque e à fala com as crianças (inclusive com os recém-nascidos), enquanto deles cuidam, bem como trabalhar em cooperação com os outros educadores, mantendo um registro individual de cada criança (Falk, 2011).

Acredito que espaços como "grupos de discussão" entre pais e educadores são muito bem-vindos. Nestes, eles poderiam se perguntar como eles mesmos foram cuidados. Ou seja, tais grupos podem funcionar como dispositivos criados para que os educadores e os pais possam remeter-se às suas próprias infâncias. Creio que iniciativas como estas permitem que pensemos sobre aquilo que afeta cada um no seu contato com os bebês, bem como sensibilizá-los sobre o que afeta o próprio bebê e que ele nos comunica com seu modo de brincar, por exemplo.

A relação com uma criança, em sua primeira infância, quase sempre provoca ambivalências, identificações, regressões etc. O adulto acaba de algum modo influenciado por essa criança, em seu próprio psiquismo. Muitas vezes, o educador, ao se relacionar com uma criança pequena, pode ser impelido a tentar ser para ela, por exemplo, os pais idealizados que tinha em sua fantasia. Isso, de certa forma, pode explicar os conflitos comuns entre profissionais das creches e pais, como as competições e seus mecanismos de defesa.

Acredito que a promoção de reuniões entre educadores e genitores pode ajudá-los a estar mais livres e criativos para o dia a dia com as crianças. Quem sabe, mais abertos para compreender o que elas expressam com seu corpo, seus gestos e sua voz. E, assim, contribuir para a criação de um ambiente (múltiplo, porém estável) de valorização das iniciativas delas.

Sabemos que é nessas Instituições que alguns pequenos podem, hoje, vivenciar estabilidade necessária para uma constituição de eu. Tanto na clínica quanto nas creches, vi crianças sem rotina em casa. Lembro, particularmente, de um casal que, no término do casamento, rompeu bruscamente com a rotina de seu filho. Este, com quatro anos de idade, passava noites nas quais não sabia onde ia dormir – não porque ele pudesse escolher em que casa queria estar, mas sim porque os pais não queriam ficar responsáveis pela criança naquele momento e ter de deixar de sair de casa à noite! Assim, a creche tornou-se, ao menos para esta criança, um lugar no qual sabia o que ia lhe acontecer nas próximas horas. Por sinal, neste mundo tão acelerado, acho que a escola, de modo geral, é onde ficamos mais anos indo ao mesmo lugar (da creche ao vestibular passa-se muito tempo!).

Por décadas, a visão predominante de desenvolvimento infantil – ao conceber o desenvolvimento da criança a partir da sua imaturidade – fez que se corresse o risco de ver a creche como alternativa a ser evitada. O cuidado de múltiplos adultos e a convivência com diferentes crianças eram encarados como consequências não desejadas. Mas, resgatemos a carta de Winnicott a Bowlby, citada anteriormente neste texto –, bem como o que dizem os debates contemporâneos entre pesquisadores do desenvolvimento infantil e da intersubjetividade – e podemos começar a mudar de opinião.

As experiências vividas pelas crianças, e seus vários adultos, podem não necessariamente ser contrapostas a uma boa expansão do eu. Isso vai depender do estabelecimento de uma espécie de ritmo entre criança, pais e agentes cuidadores/educadores que não quebre com a inicial experiência de onipotência do bebê e seus contínuos desdobramentos.

7.

Psicanálise e educação: do barulho à batucada[1]

As articulações entre psicanálise e educação têm uma história que começa nos escritos de Freud sobre o tema e se estende até os textos de psicanalistas e educadores mais contemporâneos. Das várias referências de Freud à educação, destacamos, neste capítulo, sua posição na qual esta é vista a partir de suas funções de promover recalcamento das pulsões ou inibição do ego. Talvez, por esse caminho, é que muitos afirmavam ser Freud um "antipedagogo".

Por outro lado, sua obra nos possibilita destacar, também, uma noção de "infantil" que escapa a essas mesmas funções. E esta noção de infantil tem sido, da mesma forma, valorizada por alguns educadores hoje. É assim que, levando-se em consideração as transformações por que têm passado ambos os saberes, percebem-se laços sendo refeitos.

---

1 Segunda versão do artigo homônimo publicado em *Cadernos de Psicanálise* (n. 28, p. 169-181, 2013).

Seguindo o presente capítulo, pretendo me deter nos textos de Winnicott, indicando como há neles um predomínio de uma visão mais aberta de educação, afastando-se da problemática do recalcamento e enfatizando, em seu lugar, a questão da integração dos impulsos dos ímpetos pulsionais. Especificamente, busco apoio em suas noções de criatividade primária, espaço potencial e brincar, para tecer aproximações entre o campo psicanalítico e o educacional.

Terminarei relatando minha experiência em "grupos de discussão" com adolescentes de uma escola da rede pública do Rio de Janeiro.

A *educação em Freud e o cenário da Psicanálise contemporânea*

A partir dos textos freudianos, podemos nos referir a um tempo psíquico outro que não o cronológico, e sustentar uma noção de infantil que não se desenvolve, não obstante, cria. É possível dizer, também, que algo desse infantil escapa às repressões e inibições (Birman, 1997). Estranhamente, no entanto, quando procuramos as indicações de Freud para a educação, percebemos que ele parece manter o ideal de ter como meta a função de controle e domínio desse infantil, que se mantém capaz de obter sucesso nessa empreitada. Talvez por isso, alguns chegaram a separar, radicalmente, esses dois campos.

Atualmente, outros autores, contudo, têm se esforçado na aproximação entre os dois saberes. Nesse sentido, eles propõem, por exemplo, dar voz aos educadores, sujeitos da investigação, nas Conversações (Miranda & Santiago, 2010). Estas se referem a um dispositivo da Psicanálise clínica criado por Jacques-Alain Miller que aposta que a palavra opera transformações. Eles propõem uma espécie de "associação livre coletivizada", em que o que um diz evoca no outro o seu dizer. Visa pensar, por exemplo, o próprio desejo do educador diante de seu trabalho.

Ainda nesta mesma perspectiva de aproximação entre psicanálise e educação, e menos marcados pela leitura lacaniana dos textos de Freud – que o último artigo citado – surgem outros trabalhos, como é o caso de Fulgencio (2008), influenciado, nesse caso, pela escrita winnicottiana.

É possível, contudo, sustentar que, em Freud, predomina uma visão da educação como repressora das pulsões ou inibidora do ego (não obstante esforços de autores mais recentes de ampliar esta visão). Todavia, em Winnicott a questão parece, desde sempre, ter sido outra. Ele escreve, por exemplo, que educação não é submissão (Winnicott, 1963) e que a escola pode possibilitar que a criança expanda seus próprios limites (Winnicott, 1936a).

Devemos esclarecer que nos escritos do psicanalista inglês, o outro não vem em oposição, podendo, sim, ajudar a integrar ou a dar forma ao ímpeto da criança. A educação, nesse caso, pode facilitar o crescimento do aluno que se encontra em relação de dependência/independência com os outros.

Winnicott e a educação: criatividade primária, espaço potencial e brincar

De Winnicott, destaco as noções de criatividade primária, espaço potencial e brincar, que podem auxiliar no trabalho, na interseção, entre esses dois campos. São subsídios importantes para o relato de minha experiência na escola com grupos de adolescentes que farei mais adiante.

Em Winnicott há um vínculo entre o viver criativo e o viver propriamente dito. Segundo ele, quando não se tem oportunidade de viver criativamente, a submissão e a sensação de inutilidade advêm. A capacidade de criar inclui as disposições ambientais.

As ações criativas "vinculam o passado, o presente e o futuro" (Winnicott, 1971a, p. 151) e contribuem para o sentir-se real. Afinal, permitem experiências que colaboram para a continuidade do sentimento de existência. E se não tivermos experiências que permitam esta continuidade – devido à ameaça de invasão ou ao abandono –, poderá ocorrer, por defesa, um fechamento sobre si mesmo. Fechamento defensivo, o que é diferente de propor uma unidade ou um si mesmo originário/fechado.

Em seus textos podemos entender que o que há de natural no ser humano é uma "tendência inerente do indivíduo a crescer, a se integrar, a se relacionar com objetos, a amadurecer" (Winnicott, 1959, p. 125-126). No livro *A natureza humana*, Winnicott (1988) afirma:

> No início há a não integração, não há vínculo algum entre corpo e psique e não há lugar para uma realidade não eu [...]. Nesse estágio, a unidade é o conjunto ambiente-indivíduo [...] Ainda não existe ali um *self* individual capaz de discriminar entre o eu e o não eu [...] não há um lugar a partir do qual olhar. No entanto, a semente de todo o desenvolvimento futuro está ali (p. 153).

Ainda no mesmo texto, Winnicott (*Ibidem*) acrescenta que, se tudo vai bem, o bebê cria o seio. Entretanto, esta "criatividade potencial" (p. 130) depende do que é apresentado pela mãe, que se adapta às necessidades do bebê (inicialmente indiferenciado). Então, temos o outro (mãe/ambiente) que não é visto, necessariamente, como em oposição ao bebê, reprimindo ou inibindo.

Winnicott acredita que há um "gesto espontâneo" e que, na primeira mamada, o bebê tem, sim, uma contribuição pessoal a fazer e não se restringe a projetar aquilo que foi anteriormente introjetado. Para isso, no entanto, a inclinação da mãe para adaptar-se à necessidade do bebê dá a este a ilusão de que aquilo que ela lhe oferece foi criado por ele. Em outras palavras, a mãe oferece o seio justamente quando o bebê o está alucinando. Então, o bebê tem a "experiência de ilusão". Ora, esta concepção se afasta da visão tradicional, que a define como engano ou defesa frente à frustração em relação à realidade.

Estamos, aqui, lidando com um paradoxo (entre os vários presentes em seus textos): o bebê cria o objeto, mas este estava ali esperando para ser criado; nesse caso, a experiência de ilusão não é uma experiência enganosa. Ou seja, a realidade criada e achada pelo bebê, existe. Trata-se de uma experiência de onipotência proporcionada por uma mãe que, entretanto, também falha em pequenas doses, desiludindo o bebê. Este, por sua vez, vai paulatinamente abrindo mão dessa onipotência.

Tal movimento de ilusão/desilusão é o pano de fundo do espaço dos objetos transicionais, que são internos e externos ao mesmo tempo. Nas suas palavras, "o objeto transicional jamais está sobre controle mágico, como o objeto interno, nem tampouco fora de controle, como a mãe real" (Winnicott, 1953, p. 18 e 24). Eles pertencem ao espaço do "entre", espaço potencial. Bem, a criatividade primária jamais deixa de existir para o indivíduo, permanecendo nas experiências transicionais que encontramos em pauta no brincar, na arte, na cultura e, eu me pergunto, por que não no espaço escolar?

Em seu livro *O brincar e a realidade* (1953), Winnicott afirma que "o objeto transicional de um bebê normalmente se torna gradativamente descatexizado, especialmente à medida que se desenvolvem os interesses culturais" (p. 30). Entendemos que o bebê vai largando ursinhos, chupetas etc., mas os interesses culturais (o uso dos objetos da cultura) permanecem no espaço potencial. Assim, podemos dizer que criatividade é sinônimo de saúde psíquica: indivíduo saudável que age criativamente no mundo.

Ainda nas suas palavras: "seja qual for a definição a que cheguemos, a criatividade deve incluir a ideia de que a vida vale a pena – ou não – ser vivida, a ponto de ser – ou não – parte da experiência de vida de cada um". Ao que, continua, "a criatividade é o fazer que, gerado a partir do ser, indica que aquele que é está vivo. Pode ser que o impulso esteja em repouso; mas quando a palavra 'fazer' pode ser usada com propriedade, já existe criatividade". Ao que segue afirmando a sua máxima: "Ser, antes de fazer". Afinal, "para uma existência criativa não precisamos de nenhum talento especial. Trata-se de uma experiência universal". "A criatividade é, portanto, a manutenção através da vida de algo que pertence à experiência infantil: a capacidade de criar o mundo" (Winnicott, 1970, p. 23-24 e 26-28). Sendo assim, cabe perguntar: essa "experiência infantil" não poderia fazer parte da educação?

Conforme já afirmado, o uso dos objetos transicionais continua no brincar infantil. Segundo o autor: "é no brincar, e somente no brincar, que o indivíduo, criança ou adulto, pode ser criativo e utilizar sua potencialidade integral: e é somente sendo criativo que o indivíduo descobre o eu (*self*)" (Winnicott, 1971b, p. 80).

O brincar é natural, universal, faz parte da saúde psíquica e é considerado experiência criativa por excelência. Sabemos que o brincar deve ser diferenciado do jogo estabelecido, jogo de regras fixas. Este último supõe dicotomias como realidade/ilusão, real/imaginário. Supõe também a razão no seu centro, direcionando as ações. Já o brincar aqui "libera algo da ordem da criança, algo que não se deixa governar" (Rodulfo, 2008, p. 32).

O brincar não está exclusivamente no campo representacional, já que nele participa, igualmente, a intensidade. Nele, a diferença não se refere à confrontação opositiva eu *versus* outro. Refere-se, sim, a uma espécie de jogo musical como no gorjear entre bebê e mãe. Evoca um espaço de fronteiras não claramente definidas no qual o outro é importante para a constituição subjetiva, sem que com isto precise ser concebido como separado desde sempre.

Julgo que esta forma de conceber o brincar em Winnicott pode ser aproximada da crítica que faz Derrida (1994) ao logocentrismo da sociedade moderna. Penso, todavia, que este logocentrismo pode ser encontrado mais facilmente nos textos freudianos, não obstante suas tentativas de ruptura com esse paradigma, apontadas pelo próprio Derrida em "Freud e a cena da escritura" (2011). Nessa obra, Derrida nos mostra que na modernidade a razão foi posta no centro e a palavra foi colocada como via régia da verdade (além de separada da intensidade). Já o pensamento dos paradoxos me parece permitir sair mais facilmente das dicotomias (bebê *versus* mãe, eu *versus* outro, indivíduo *versus* sociedade). Arrisco-me a afirmar que, ao menos no que tange à educação, Freud estava mais contaminado pela razão moderna que Winnicott.

Relato de uma experiência

Em 2013, desenvolvi um trabalho em "grupos de discussão" com jovens em determinada escola pública da cidade do Rio de Janeiro. Nesses grupos, pretendi olhar a educação pela perspectiva das crianças. Isso implica nos colocar no lugar das crianças, por exemplo. Nesse sentido, para ensinar bem é preciso inquietar a razão, desfazendo-se de hábitos típicos do conhecimento que se pretende objetivo. Sendo assim, por que não dizer que educar envolve certa "sedução do bem" na qual se pode despertar ou refinar uma sensibilidade?

Procurei me apoiar no "infantil" da Psicanálise que não se desenvolve, entretanto cria. O interessante, neste caso, é a criança presente no adulto, que sonha, cria e brinca. Entendo que o universo da escola não se restringe ao ensino/aprendizagem de conhecimento. Este universo pode ser problematizado e também usado como lugar capaz de mudar a nós mesmos e a realidade. Nessa perspectiva, a escola não deveria separar o conhecimento do "uso" que se faz deste. E uso do conhecimento pode nos remeter a tudo o que já escrevemos. Portanto, o conhecimento não passa pela razão instrumental, no qual conhecer é dominar e controlar a natureza e os seres humanos, bem como elaborar meios para obtenção dos fins. Uso, aqui, diz respeito, antes, a uma capacidade de relacionamento com a realidade externa, que é uma conquista (e não algo dado), além de evocar um caráter existencial e de ação criativa. Como é que os jovens estão "usando" o conhecimento hoje?

Minha proposta de pesquisa foi a de, ao mesmo tempo, investigar e viabilizar a construção de um espaço de fala/afeto, bem como de intercâmbio entre seus componentes, em uma espécie de experiência criativa como aquela de que nos fala Winnicott. Seus textos nos servem, apenas, de norteadores; longe estou, portanto, de querer "aplicar" uma teoria a uma prática. Trata-se de experiência. Sendo assim, proponho ampliar o espaço escolar a fim de que possa ser incluída na escola a dimensão criativa de si e do mundo, o que pode acabar por evocar os campos da política, da ética e da estética.

Nesse viés, ouvir e deixar falar os participantes da vida escolar, bem como possibilitar a afetação entre eles, pode ser um primeiro passo tanto para o surgimento de diferenças entre seus membros – possibilitando a abertura de outros acordos intersubjetivos – quanto para um maior contato com a dimensão do ser de cada um. Os grupos podem funcionar como uma espécie de provocação no sentido de se abrir para o outro, possibilitando não cair em um fechamento sobre si mesmo. Isto uma vez que, por meio do diálogo, a clínica psicanalítica mostra que não se trata de buscar acordo entre interlocutores. Longe do logocentrismo e de seu ideal na razão, tendo em vista resultados comuns, ainda que provisórios, ela também nos coloca na tensão, no jogo, que interrompe o diálogo bem conduzido.

Cheguei à escola sem uma proposta predefinida, apenas com a clareza de que queria ouvir os jovens, aproximar-me desse universo. No primeiro contato com a diretora da instituição, conversamos sobre o cotidiano escolar e ela me indicou uma turma na qual eram frequentes episódios de conflito e intolerância. Esclareci que não pretendia acabar com essas divergências, porém tentar fazer que estas fossem explicitadas e, na medida do possível, reelaboradas. Tive uma primeira reunião com a professora dessa classe (oportunidade em que me relatou alguns desses episódios) e marcamos o início dos grupos com os adolescentes.

No primeiro encontro com eles, um menino relatou um conflito vivido com sua professora e pediu que esta estivesse presente no próximo encontro, a fim de que o estudante fosse escutado. Outro jovem, ouvindo a reivindicação, acrescentou que aquele também teria de escutar o que a professora tinha a dizer. Ficamos pensando na questão. Isso proporcionou uma reunião posterior, com a presença da dita professora, enquanto buscávamos problematizar o que surgia em termos de limite, autoridade, liberdade etc.

O interessante a destacar é que eu não tinha previsto que os alunos pediriam para ter encontros que contassem com a presença da professora, mas aceitei essa mudança na proposta original (que era a de estar apenas com os jovens). Afinal, a Psicanálise sugere que devemos estar abertos às transformações em nossos trabalhos. Estas vão se dando de acordo com os acontecimentos. Foi nesse momento que percebi que, se um dos meus objetivos era o de problematizar o que se passa "entre" aquele que ocupa o lugar de ensinar e o que ocupa a posição de aprender, por que não promover encontros que incluíssem alunos e professores? E foram os próprios adolescentes que me ensinaram isso. Passei, assim, a fazer alguns encontros com cada turma, no horário de aula, com duração aproximada de uma hora e com a presença de jovens e educadores, até que um novo acontecimento mudasse o rumo do trabalho. Quando necessário, havia alguns "disparadores da conversa", como o exercício de apresentar histórias fictícias cujo final cabia aos adolescentes construir, ou o de propor desenhos livres.

Vejamos o que se passou em uma reunião com a segunda turma. O pedido surgiu da própria professora que me procurou no corredor, ao saber do trabalho com o primeiro grupo. Quando cheguei para a reunião com a respectiva turma, os adolescentes estavam inquietos e fazendo barulho; não havia silêncio e concentração que viabilizassem o diálogo. Nesse caso, espontaneamente, a partir do barulho eles começaram a fazer uma batucada. E eu entrei na brincadeira. Comecei também a batucar. Surpreendentemente, isso foi o início de uma sintonia que possibilitou conversas posteriores (o que, até então, pelo ruído, era impossível). Tal situação pode ser pensada em termos de uma impulsividade que não estaria encontrando lugar para transformação, do pulsional bruto em material moldável pela forma. A batucada pareceu-me expressão dessa transformação.

A cena relatada pode indicar, também, o que entendo por "encontro". Pareceu-me que a sintonia musical permitiu um encontro, no qual, posteriormente, pudemos trocar ideias sobre o cotidiano vivido por eles. A postura, nessa perspectiva, não foi a de impor uma reflexão – o que estava gerando resistência já manifestada no barulho –, mas sim, a partir do espaço criado na batucada, possibilitar diálogos e outras tantas transformações.

Penso que, neste caso, pode ter-se dado uma brincadeira no "espaço potencial" do qual fala Winnicott. Esse espaço nos aponta um terreno de jogo sem fronteiras determinadas, que faz nossa realidade. O espaço e o tempo aqui são os do paradoxo. É um espaço especial que não está em uma linha de evolução contínua com relação aos outros espaços (do objeto subjetivo e do objeto da realidade externa), como se fosse mais uma fase do desenvolvimento. Assim, também, o que se passa nele pode ser transformador de si e do mundo, justamente por não estar submetido a regras *a priori*.

Como nos mostra Luz (2007), o texto de Winnicott se abre como lugar de experiência, um vazio que pode ser preenchido por uma experiência de pensamento. Luz chega a se referir às palavras do autor como fragmentárias, que se designam a partir do entre-dois. Nas suas palavras:

> Quando coloca em redação o corpo de conceituações da Psicanálise, Winnicott recusa esse conjunto como um sistema de ideias e como um método de exposição de ideias, ele o submete ao andamento de uma experiência sempre provisória e sempre inacabada. Não há para ele uma doutrina a ser elaborada ou um consistente edifício de conceitos a ser deixado como herança, mas uma palavra que se mostra como um dos aspectos da vida. Porque o importante é o jogo: a Psicanálise, como disse ele, é apenas uma forma sofisticada de jogo, que apareceu no século XX (p. 20).

Comentários

Minha intenção foi estender esse "jogo", a que me referi anteriormente, ao espaço escolar. Afinal, se a noção de educação que Freud tinha pareceu-me influenciada pela escola do século XIX – na qual imperavam os rigores impessoais da norma, enquanto as singularidades individuais ganhavam espaço no privado –, a noção de educação de Winnicott pareceu-me influenciada por uma escola inserida no século XX, na qual, cada vez mais, vão se mesclando público e privado.

Minha experiência de trabalho se colocou rebelde à lógica preestabelecida, encontrando-se distante das pesquisas acadêmicas tradicionais. A partir da Psicanálise e do que vivi nos grupos na escola, me dei conta de que, se o conhecimento é produzido pelo intelecto, a mente é apenas parte do psiquismo total. O convite foi lançado no sentido de que a base vital do conhecimento pudesse encontrar lugar nos grupos e pudesse – quem sabe – ser disseminada para outros espaços na escola.

Este é o relato de uma experiência que, não se restringindo à clínica convencional de consultório, procurou pensar em novas perspectivas e ações no âmbito do espaço de encontro possível entre psicanálise e educação. A aposta foi a de que os grupos com os adolescentes – ao problematizar o que se passa entre aquele que ocupa o lugar de ensinar e o outro que ocupa o lugar de aprender – pudessem favorecer transformações nas potencialidades de seus participantes.

O retorno que tenho recebido me faz pensar que esse movimento pode, de fato, estar acontecendo. Escutei, por exemplo, de uma professora que os "novos combinados" com os seus alunos foram mantidos por certo tempo. Parecia estar admitindo, nessa relação, intermináveis consensos e dissensos. Assim, creio que podemos construir, no âmbito da instituição escolar, dispositivos de intervenção que favoreçam uma relação mais criativa dos sujeitos com o conhecimento e consigo mesmos.

Terceira parte

Infância e adolescência

8.

Adolescência hoje: nostalgia do pai ou espaço criativo de reconhecimento?

No campo da psicanálise, o adolescente tende a ser visto como sujeito limítrofe, que estaria se colocando entre idealizações infantis paralisantes e ideais móveis (Rassial, 2000). Ao evocar essa etapa da vida psíquica, entretanto, não devemos nos esquecer de entrelaçá-la ao social. Desde Freud (1921), nos autorizamos a abordar fenômenos psicossociais.

Neste capítulo vamos, primeiro, apontar para uma determinada leitura da psicanálise que nos parece nostálgica da autoridade perdida de nossos tempos. O risco, nesse caso, é conceber as ações dos adolescentes como resultado de idealizações infantis a ser ultrapassadas, em nome de um ideal adulto. A seguir, a partir de outra maneira de encaminhar a questão, ainda que dentro do campo psicanalítico, procuraremos positivar suas ações.

Contemporaneidade e psicanálise: onde está a autoridade?

São inúmeros os autores que, ao pensar sobre a contemporaneidade, pretendem mostrar como as leis e as tradições da modernidade se tornaram fluidas. Um autor emblemático dessa posição é Bauman (2004), que com os títulos de seus livros já chama atenção para a "liquidez" de nossos laços contemporâneos. Nessa perspectiva, podemos afirmar que se encontram hoje borrados os limites – por exemplo, entre público/privado ou entre universal/local – que antigamente se colocavam mais claramente demarcados.

Sabemos que há autores que se apresentam nostálgicos desses limites precisos que, até então, nos governavam de modo inconteste. Dufour (2005), por exemplo, chega a explicitar uma particularidade da contemporaneidade que, segundo ele, é o fato de o Outro estar cada vez mais em falta. Para ele, na pós-modernidade não há figura alguma do Outro que seja ainda válida. Afinal, nenhuma figura dispõe de prestígio necessário para se impor, já que todas foram atingidas pelo sintoma da decadência. Dufour (*Ibidem*) concebe o Outro enquanto lugar simbólico diante do qual o sujeito se constitui e que intermedeia a relação do sujeito com o outro especular. Em outras palavras, o Outro é o campo simbólico que o sujeito encontra desde sua chegada ao mundo e que encarna o campo dos ideais. Nessa perspectiva, diante do jovem, cabe ao adulto uma função de intermediação: ser, de certa maneira, representante dos ideais.

O autor acredita ser necessário refazer a autoridade de pais e professores, não negando, por exemplo, as diferenças de geração e suas consequências. Mostrar as diferenças de geração seria uma tentativa de ressimbolizar este homem, ao contrário da negação da ordem simbólica que tem sido frequente. Afinal, segundo ele, o homem pós-moderno está às voltas com novas formas de se constituir, estando enfraquecido da função crítica e suscetível de uma identidade incerta.

Nesse mesmo sentido, elaborar e conviver com limites significa abdicar de nossos impulsos em prol do coletivo. Para tal, seria necessário um "terceiro lógico" (Lebrun, 2005). Este não é nem um terceiro substancial (pai, governante etc.) nem um terceiro construído apenas a partir dos interlocutores de um contrato social. Pode-se entendê-lo como um terceiro que causa uma ausência da mãe e permite à criança ter acesso à linguagem. A maneira de lidar com os limites posteriores é marcada pela forma como este terceiro foi internalizado.

Focando o tema da adolescência, muitos concebem que esta etapa da vida teria se tornado um ideal cultural contemporâneo. É o caso de Calligaris (2000), para quem a adolescência é um derivado atual da infância moderna que, por seu turno, foi posta na modernidade como algo a ser venerado, portador das promessas e dos sonhos dos adultos que se viram desamparados com o fim da sociedade tradicional que, por sua vez, os assegurava por meio de verdades incontestes. Ele acrescenta que o adolescente está submetido, hoje, a uma "moratória" que impõe, por um lado, a espera e a dependência e, por outro, o ideal social de autonomia que se deseja dele (Calligaris, 2000, p. 16).

Entre nós psicanalistas, o estudo da adolescência na contemporaneidade tem adquirido tamanha importância que há aqueles que estabelecem ligações entre ela e as novas psicopatologias. Este é o caso de Rassial (2000), já mencionado no início deste capítulo, que propõe que o advento do diagnóstico de estado-limite que invadiu a psicopatologia nos últimos vinte anos – surgindo como uma crítica à clínica das estruturas classicamente determinadas: psicose, neurose e perversão – está atrelado ao sujeito pós-moderno, entendido ele mesmo como limítrofe. Rassial (*Ibidem*) afirma, ainda, que na etiologia dessa patologia particular, há um fracasso narcísico. Este, por seu turno, é associado a um estado de adolescência sem fim, no qual a suposta onipotência do pensamento mágico da primeira infância seria reeditada.

Seu argumento vai ao seguinte sentido: Rassial (*Ibidem*) distingue dois momentos de constituição narcísica de todo sujeito e supõe um terceiro. O primeiro momento de constituição narcísica é o do eu sustentado pelo eu ideal. O eu é aqui o produto do olhar do Outro materno. O segundo momento de constituição narcísica é o da projeção neste eu dos "determinantes simbólicos que serão ordenados pelo Édipo, sendo o resultado disto o ideal-do-eu" (p. 83). O ideal do eu, por sua vez, é associado à figura do superego. O terceiro momento, acrescentado por ele, é o de um narcisismo adolescente, "cuja questão é uma modificação da relação entre eu-ideal e ideal-do-eu, associada à reconstrução da imagem do corpo sexuado" (p. 84). Essa terceira operação narcísica, que se dá na adolescência – posto que neste período o sujeito renuncia ao seu ideal-do-eu infantil que não mais corresponde às novas exigências superegoicas –, foi precocemente realizada pelo sujeito em estado-limite. O autor conclui seu livro definindo o estado-limite, próprio do sujeito contemporâneo, como uma adolescência tanto antecipada quanto interminável, o que se constitui em um fracasso narcísico.

Com esse tipo de abordagem, podemos nos pensar como sujeitos interminavelmente adolescentes: sujeitos incessantemente errantes e submetidos a um ideal de eu infantil, o que se reflete em um laço social sempre fluido (Coutinho, 2009). Em vez de passarmos pela adolescência e, desse modo, podermos encontrar ideais que apontem para um futuro móvel e variável, podemos nos encontrar frente a idealizações infantis paralisantes (que remetem a fixações de objeto que não são facilmente substituíveis), empobrecedoras do ego à medida que nos aliena ao objeto.

Os adolescentes, seus grupos e a função fraterna

Sabemos que os adolescentes frequentemente se agrupam. Muitos autores chegam a ver nesta constatação corriqueira a constituição de uma relação imaginária com o pai ideal. Ou seja, uma relação em espelho alienante. Pergunto-me, contudo: nós não poderíamos tentar positivar essa condição atual de "adolescência sem fim", na qual assistimos ao desmoronamento dos grandes ideais modernos que até então nos serviam de referências? Por que não conceber que as organizações grupais dos adolescentes podem ser mobilizadoras de ações criativas? Por que não pensar no grupo como um lugar possível de reconhecimento intersubjetivo, no qual não necessariamente haja alienação?

Entendemos que em um grupo não necessariamente o indivíduo está absorvido pela multidão, como Freud nos sugere em "Psicologia das massas e análise do ego" (Freud, 1921). Se o seguirmos à risca, nós seremos levados a conceber a identificação que aí se dá similar a uma situação hipnótica, na qual o indivíduo está sugestionado emocionalmente e liberado de sua responsabilidade. Porém, a partir das identificações fraternas próprias de alguns grupos que estão se constituindo hoje, acreditamos que é possível pensar acerca de grupo de adolescentes e identificação em uma outra perspectiva.

É nesse mesmo diapasão que Kehl (2000) nos mostrou a importância do que denominou "função fraterna" para a constituição do sujeito. Sem abdicar do pensamento freudiano/lacaniano, no qual a função fraterna é herdeira da função paterna, ela não acredita que toda coletividade esteja pedindo um *Füher* que anularia as diferenças entre os membros de uma coletividade, promovendo uma identificação com o líder e a suspensão dos limites impostos pela lei que regula o convívio social. A autora termina por reintroduzir a ideia de fratria na psicanálise.

Justamente a adolescência pode ser o período, por excelência, das grandes formações fraternas em que há "campos de experimentação" que legitimam "experiências de liberdade". Os grupos de adolescentes podem funcionar, nas suas palavras, como "moções de liberdade... que possibilitam o enfraquecimento do poder de verdade absoluto que a palavra paterna tem na infância" (Kehl, 2000, p. 41).

Nas suas palavras, os grupos, com sua fratria, podem erigir um pai simbólico que contemple "as necessidades de todos e não a voracidade de alguns" (*Idem*, *Ibidem*, p. 217). Nessa perspectiva, são os semelhantes que – na constatação também da diferença – legitimam, no campo social, o reconhecimento de quem se é.

Diferenças e semelhanças: "tudo junto e misturado"

Se deixarmos de lado os autores mais nostálgicos da autoridade paterna e partirmos para os textos de Winnicott, outra direção pode ser delineada, ainda que próxima daquilo que acabamos de afirmar com relação à fratria dos grupos de adolescentes.

O espaço potencial se coloca aqui como um conceito-chave. Ele se refere ao espaço do "entre", no qual se produz a separação, mas onde, potencialmente, poder-se-ia produzir a reunião com o objeto. Refere-se também às experiências artísticas e poéticas, mais que propriamente ao campo das representações da linguagem. Nesse caso, os contornos psíquicos se mesclam ao social, mais que se confrontam com ele.

A visão de Winnicott não pressupõe uma autoridade necessária que se impõe de fora (como no paradigma edípico). Porém, tão pouco, deixa de se referir ao concernimento para com o outro. Acreditamos que esta vertente psicanalítica nos auxilia a repensar este momento histórico que alguns chegaram a chamar de "crise da autoridade". Seus textos nos fazem refletir sobre os princípios gerais que sustentam as relações sociais em uma outra perspectiva que não a de certa interpretação do superego freudiano que, neste caso, serve de modelo para o ego, podendo dirigir rígida e implacavelmente a vida das pessoas. Afinal, o superego, conforme concebido por Winnicott, é teorizado tendo como figura de interlocução intersubjetiva a mãe. No texto "Psicanálise do sentimento de culpa" (1958), escreve:

> Aqueles que sustentam o ponto de vista de que a moralidade precisa ser inculcada ensinam as crianças pequenas de acordo com essa ideia, e renunciam ao prazer de observar a moralidade se desenvolver naturalmente em seus filhos, que estão se desenvolvendo em um bom ambiente, proporcionado de um modo pessoal (p. 19).

Explorando essa ideia de uma moralidade que vai se constituindo – não a partir do modelo do superego freudiano (enquanto internalização dos limites externos), mas a partir da noção de *self* –, Jessica Benjamin (1996) trabalha o tema do domínio e critica os que postulam que a dominação de uns sobre os outros é sempre inevitável. Afinal, para ela, é possível chegar a momentos de uma relação em que ambos os participantes são sujeitos, tenham poder e se respeitem mutuamente.

Vale esclarecer que, para a autora supracitada, o *self* é entendido enquanto ponto do espectro de relações, mais que um original ou um natural estado do indivíduo. Esta noção é o que a permite formular o seu modelo intersubjetivo de explicação. Este modelo sustenta poder haver uma "mistura paradoxal de alteridade e unidade". Propõe vivermos suportando o "paradoxo do reconhecimento": continuar em uma constante tensão entre reconhecimento do outro e afirmação do *self*, na qual os atores possam se beneficiar criativamente do outro.

Benjamin (*Ibidem*) afirma que se na psicanálise tradicional a unidade era vista como algo que eclipsava a diferença, e com a qual não se poderia coexistir o sentido da separatividade, em sua perspectiva, entretanto, a semelhança e a diferença existem simultaneamente, no mútuo reconhecimento. Contrariamente à ideia de que a interação nos conduz aos pares de opostos (passivo/ativo, forte/fraco) que se complementam, sua teoria da intersubjetividade postula que ambos os parceiros podem ser ativos, não se tratando de união de opostos. Ela enfatiza o paradoxal equilíbrio entre unidade e separação.

O foco da abordagem da autora, no livro anteriormente citado, dirigia-se à vida infantil e às relações amorosas entre adultos. Todavia, me pergunto se, ampliando o que ela afirmou, não poderíamos repensar a relação entre adultos e adolescentes, colocando-nos, em tensão, mais ao lado deles que em oposição aos mesmos.

Um ambiente para adolescer

Pensando enquanto educadora e psicanalista, acredito ser necessário possibilitar aos jovens de hoje um "ambiente" que nem os invada nem os abandone, mas possibilite vivenciar o "sentimento de continuidade de existência". Um "ambiente" que permita o potencial criativo se transformar em experiência criativa, quando então "a vida vale a pena ser vivida", pois adquire "sentido".

Parece-nos necessário que esses adolescentes estabeleçam ideais por eles mesmos. Ideais que não deixem de levar em conta o bem comum. E a melhor maneira para isso não é impor código, lei etc. É mostrar a eles modos de vida realistas e decentes. Nas palavras de Winnicott (1963), "na arte de viver, isso implica se dar exemplo à criança, não um melhor que você realmente é, insincero, mas um exemplo aceitável e decente" (p. 95).

A afirmação anterior pode nos chamar à responsabilidade diante do mundo que queremos deixar para os mais jovens, sem, contudo, vê-los negativamente. Risco que a primeira perspectiva discutida neste capítulo correu, ao conceber a adolescência como etapa de renúncia ao ideal de eu infantil.

Das duas perspectivas discutidas, também podem derivar propostas educacionais distintas. Isto, na medida em que somente olhando positivamente os jovens, é que nos respaldamos em propostas educacionais que deem a eles mais participação e poder nos processos decisórios.

9.

O INFANTIL: O QUE NÃO SE DESENVOLVE, ENTRETANTO, CRIA[1]

A educação constitui-se em uma teoria e prática perpassadas por variados campos. Nesse entrecruzamento, o protagonismo da infância vem sendo enfatizado. As experiências e as formas de viver dessa denominada etapa da vida têm sido repensadas e, atualmente, mais que nunca, positivadas. Esforços surgem no sentido de não apenas conceber a infância como o "outro" do adulto, mas também conceber que há algo de "infantil" em nós, sem, necessariamente, ser isto confundido com imaturidade.

Tomamos a linha de pensamento de Agamben (2005) quando postulou a infância enquanto uma figura de limite que ocupa o espaço do entre linguagem e experiência apontando para uma liberdade poética, por meio da atividade de brincar, capaz de liberar novos significantes no social. Sua noção de infância pode dialogar com a noção de "infantil" a

[1] Segunda versão de texto publicado originalmente na revista *Childhood & Philosophy* (v. 7, p. 207-219, 2011).

partir da psicanálise. É esta última que vamos explorar neste último capítulo. Isso, fundamentados em Freud e na interpretação que faz Derrida de seus escritos.

Os conceitos principais explorados serão o de inconsciente e o de pulsão de morte. Ambos, ignorando a diferença entre a intenção e a ação, ampliam a responsabilidade ética de nossas ações, pois, afinal, aquilo que o sujeito deve prestar contas está além dos dados da consciência nos quais, habitualmente, a moral se apoia. Afinal, o inconsciente, não sendo regido pela mesma maneira que a consciência, ignora "a diferença entre o virtual e o real" (Derrida, 2001, p. 85). Já a pulsão de morte, não sendo regida pelo princípio do prazer, nos remete à repetição. Finalizaremos o trabalho com uma articulação entre essas duas noções freudianas e o brincar.

O infantil a partir dos conceitos de inconsciente e de pulsão de morte

É possível estabelecer diferenças entre a concepção de desenvolvimento humano encontrada nos textos freudianos e outras concepções de autores que marcaram o campo da educação. Tanto os que sustentam uma visão desenvolvimentista progressiva do indivíduo – na qual a infância é tida como um momento precário de passagem para a idade adulta em que acumulam conhecimentos – quanto os que sustentam que o desenvolvimento se dá por saltos nos quais vamos mudando de estruturas cognitivas, distanciam-se do que afirma Freud em seus escritos. Para este último, a vida não necessariamente descreve um movimento ascendente. Afinal, muitas vezes, podemos ver mais viço no rosto de uma criança que no de um adulto.

A forma de pensar o desenvolvimento a partir de Freud pode ser estreitamente vinculada à sua maneira de conceber o narcisismo e o corpo. Questões sobre o narcisismo o auxiliaram (Freud, 1915a) a sustentar que o corpo é fantasmático, erógeno, e não anatomofisiológico. Isso nos permite separá-lo de uma interpretação apriorística de fases da evolução da libido. Freud se referiu a esses termos ao discorrer sobre os sintomas hipocondríacos. Entendemos, então, que o corpo em psicanálise é um corpo fantasmático.

Além da maneira peculiar como concebe o corpo, sua noção de tempo merece destaque. Esta última está intimamente ligada a uma concepção específica que tem a psicanálise do infantil a partir do qual surge uma visão de criança diferente do que se tinha até então. Nesta linha, uma coisa é o adjetivo "infantil" e outra o substantivo "infância" (Birman, 1997). O substantivo infância poderia ser entendido, é bem verdade que até mesmo a partir de algumas indicações de Freud (1905), pelo eixo do tempo cronológico. Teríamos, nesse caso, uma categoria que explicaria a causalidade das perturbações mentais pela mediação da sexualidade que se organizaria progressivamente até se dirigir ao outro e não mais ao próprio corpo da criança. E sabemos que alguns, justamente, correram o risco de assim pensar a infância, quando em uma leitura rápida das fases do desenvolvimento psicossexual de Freud, atribuíram uma visão linear e contínua dessas mesmas fases.

A teoria freudiana ganha uma interpretação mais rica, contudo, quando pensamos em termos de "circuitos pulsionais". Nesse sentido, ao longo da história do sujeito, demandas corpóreas, via circuitos pulsionais, passam pelo Outro da linguagem. E é assim que vão se regulando as produções subjetivas. Começa a se delinear o infantil do sujeito. Este estaria ligado ao corpo e à linguagem enquanto condições de possibilidade de uma história subjetiva. O infantil, portanto, refere-se à insuficiência fundamental (derivada de nossa dependência prolongada, por exemplo) que obriga o sujeito a se historicizar, via campo do Outro, para que a vida, até mesmo do organismo, seja possível (Birman, 1997).

Estamos, portanto, ampliando a noção de infância. Ela se desloca do registro genético e cronológico para o do funcionamento psíquico. É neste ponto que podemos nos referir à passagem da "infância" para o "infantil". Há um infantil no psiquismo que não se dissolveria na infância cronológica do sujeito, evocando outro tempo que não somente o cronológico. Com sua noção de criança, apoiada na noção de infantil conforme discutida acima, a psicanálise nos lembra da criança que há no adulto. O interessante, nesse caso, é a criança que no adulto sonha e cria. O texto representativo de Freud para tal questão é "Escritores criativos e devaneios" (Freud, 1908). Nesse texto, ele escreve:

> [...] todos, no íntimo, somos poetas... A ocupação favorita e mais intensa da criança é o brinquedo ou os jogos. Acaso não poderíamos dizer que ao brincar toda criança se comporta como um escritor criativo, pois cria um mundo próprio, ou melhor, reajusta os elementos de seu mundo de uma nova forma que lhe agrade? (p. 149).

Para Freud, então, o brincar põe o desejo em movimento. No jogo do *fort-da* (Freud, 1920), por exemplo, vemos que a criança repete a ação com o carretel para elaborar o traumático da separação com a mãe. É repetindo histórias e brincadeiras que vamos tentando dominar as excitações que nos ameaçam.

Este infantil, que se encontra também no adulto, pode ser pensado tanto a partir do conceito freudiano de pulsão quanto a partir de sua postulação do inconsciente. O inconsciente atemporal (Freud, 1915b) e a pulsão sem objeto predeterminado (Freud, 1915c) nos remetem a algo que sempre escapa a uma apreensão, quer moral quer verbal. Remetem-nos àquilo que, como diz a famosa canção de Chico Buarque de Hollanda: "... não tem governo, nem nunca terá. O que não tem juízo..." (Hollanda, 1976).

Das sucessivas interpretações do texto freudiano, uma nos chama a atenção e nos auxilia a embasar mais essa noção de infantil, conforme queremos afirmar: um infantil que não se desenvolve linearmente direcionado para uma suposta maturidade, mas que é, sobretudo, remetido à nossa capacidade de permanente criação. Essa interpretação é a que nos apresenta Derrida. Este autor, inserindo-se em uma crítica à tradição metafísica marcada pelo logocentrismo e pela episteme, critica o que chama de *imperativo da presença*. Trata-se, nesse caso, da presença imediata do ser na alma como consciência.

O discurso freudiano seria, nesse caso, uma crítica aos pressupostos da filosofia do sujeito da consciência. Entretanto, isso não quer dizer que o sujeito se deslocaria da consciência para o registro do inconsciente, constituindo-se em um sujeito do inconsciente. Ao contrário: "o sujeito da escritura é um sistema de relações entre camadas: o bloco mágico, do psíquico, da sociedade, do mundo. No interior desta cena, é impossível encontrar a simplicidade pontual do sujeito clássico" (Derrida, 2011, p. 332).

Para Derrida, a tradição metafísica seria fundada tanto pela presença imediata da coisa na consciência quanto pela referência ao *logos* e ao fonologismo. No que diz respeito a esta última referência, ele afirma que a linguística moderna estaria alicerçada nos pressupostos da tradição metafísica da voz – esta expressaria imediatamente o estado da alma. Afinal, pela mediação da voz, o ser se colocaria efetiva e imediatamente como presença. Ela seria, assim, a produtora dos primeiros símbolos tendo, então, uma proximidade imediata com a alma. Ao contrário dessa tradição, ele vai ressaltar o valor da escritura.

Por escritura entendemos todas as modalidades de escrita que sejam fundamentalmente não fonéticas. A linguagem dos sonhos, na qual "o sonhador inventa a sua própria gramática... não havendo texto prévio" (Derrida, 2011, p. 307), trabalhada por Freud em "A interpretação dos sonhos" (Freud, 1900), seria um exemplo privilegiado do que Derrida quer dizer ao se referir à escritura. O que este último autor pretendeu destacar com isso foi que a escritura evoca um pensamento do traço.

Conforme nos esclarece Birman (2007), o pensamento do traço não comporta uma estrutura estática e a-histórica (conforme tradicionalmente concebida pelo estruturalismo), posto que o texto seria aquilo que excederia a estrutura. Entendemos, então, que conceber o inconsciente como um texto, não é o mesmo que pensá-lo a partir do modelo da linguagem falada. Diferentemente disso, o texto inconsciente se refere a uma abertura da estrutura para o que lhe é outro. Dessa forma, este livro seria marcado pela alteridade, relançando a estrutura, então, em uma temporalidade marcadamente histórica. Ou seja, a "estrutura" do inconsciente seria marcada pela diferença (promovida pela sequência diferencial de novos signos, a diferença relança a estrutura para sua abertura).

Em outros termos, Derrida assume o pressuposto teórico enunciado desde Freud de que a problemática da memória seria fundamental na constituição do psiquismo. Sem ela o psiquismo não existiria. Entretanto, a memória seria uma escrita que, por seu turno, é marcada por traços diferenciais. Em outras palavras, ao nos referirmos à memória, estamos falando de uma rede de marcas escriturais que definiria a constituição e a produção de sentidos por intermédio desses traços diferenciais. Derrida coloca, então, a dimensão escriturária do inconsciente em primeiro plano.

Apesar de reconhecer a tradição metafísica e logocêntrica de Freud, Derrida reconhece também ser possível perceber nele um percurso que se insere nas noções de traço e escritura. Concebendo o inconsciente a partir dessas noções, a postulação freudiana de neurônios que oporiam grades de contato à quantidade de excitação – oferecendo uma possibilidade de se representar o fundamental do psiquismo que é a memória (Freud, 1895) – constituiria um sistema de diferenças que produzem, como já mencionado, traços. Estes dizem respeito, também, às primeiras inscrições das percepções que são constituídas por associações simultâneas, memória inconsciente, incapaz de ser acessada pelas representações verbais da consciência.

Estamos nos referindo, nesse caso, a um sistema psíquico que se delineia na articulação entre a excitação que se dissemina e as resistências que essas encontram para a descarga. Derrida compara o aparelho psíquico a uma "máquina de escritura". É a partir de um texto freudiano denominado "Notas sobre o bloco mágico" (1925b), que esta máquina é entendida como a de escrever conforme Freud nos sugere ao escolher um brinquedo infantil análogo ao aparelho psíquico. Este funcionaria como um brinquedo voltado para a escrita, no qual "a tabuinha de cera representa efetivamente o inconsciente" (Derrida, 2011, p. 329).

Nesse último texto freudiano citado, encontramos uma interessante descrição do aparelho psíquico funcionando como este brinquedo infantil no qual o psiquismo é entendido como ordenado em diferentes camadas, em que cada uma delas seria produzida como um registro diferente da escritura. Afinal, o aparelho psíquico evoca uma cena na qual "são necessárias pelo menos duas mãos para fazer funcionar o aparelho, e um sistema de gestos, uma coordenação de iniciativas independentes, uma multiplicidade organizada de origens" (*Idem, Ibidem*, p. 331). Sua intenção é afirmar, enfim, que em Freud, diferentemente do que se passa na tradição logocêntrica, não existiria oposição entre o registro da força e o registro do sentido. Afinal, os traços se inscrevem no psiquismo no jogo entre esses registros, no jogo entre as forças disseminadas e as resistências produzidas, ou mesmo, no jogo entre interno e externo.

Em um de seus livros, Derrida (*Ibidem*) considera outro conceito de Freud que não apenas o do inconsciente e o do aparelho psíquico. Refere-se, então, à pulsão de morte como um "mal de arquivo". Afinal, ela apagaria os arquivos existentes para que novos arquivos pudessem, então, ser inscritos. A pulsão de morte levaria ao imperativo da escritura, como forma de afirmação da vida. Dessa maneira, podemos conceber uma positividade na pulsão de morte. Com ela, o futuro está sempre em aberto posto evocar um porvir "não apenas não conhecido, mas também não cognoscível enquanto tal" (Derrida, 2001, p. 92).

Vale esclarecer que a pulsão a partir de Freud pode ser pensada considerando duas regiões: o aparelho psíquico (região a que nos referimos ao trabalharmos a noção de inconsciente em Freud, tradicionalmente concebido enquanto lugar da ordem, espaço da representação e regido pelos princípios do prazer e da realidade) e o além do princípio do prazer (além da ordem, da rede de significantes e dos dois princípios anteriormente afirmados).

A segunda região supracitada foi apontada por Freud, pela primeira vez, em "Além do princípio do prazer" (Freud, 1920), quando a introduz como um esforço inerente ao organismo vivo de reprodução de um estado anterior. Já em "O mal-estar na civilização" (Freud, 1930), à pulsão de morte é acrescentada a concepção de seu caráter não erótico, de destruição.

Freud afirma ser a pulsão de morte independente da sexualidade e silenciosa. Ele nos dá margem para concebê-la como produtora de diferenças. Isso, ao contrário da pulsão de vida (e de parte da pulsão de morte que pode se ligar à pulsão de vida) em sua capacidade de representação e tendência à unificação. Assim, a pulsão de morte em Freud pode ser pensada enquanto repetição, mas, paradoxalmente, princípio que nos possibilita novos começos.

A título de conclusão ou "brincar permite criar"

Saindo dos temas metapsicológicos, vejamos o que nos diz Freud sobre o lúdico. Ele nos sugere que o brincar permite criar; isso tanto no texto "Escritores criativos e devaneios" (Freud, 1908) quanto nas suas referências ao jogo do *fort-da* (Freud, 1905) No primeiro texto citado, afirma que, ao brincar, toda criança se comporta como um escritor criativo, pois cria um mundo próprio, ou melhor, reajusta os elementos de seu mundo de uma nova forma. Na segunda referência, nos remete à sua observação de uma criança de um ano e meio que, após chorar compulsivamente ao ver sua mãe se afastando de casa, toma um carretel de linha, joga e puxa repetidas vezes, em uma tentativa de elaboração da saída de sua mãe para o trabalho. Ao jogar o carretel, Freud escutava que ela falava "*fort*" (equivalente ao nosso português "bora" abreviando "foi embora") e ao puxar o carretel falava "*da*" (equivalente ao nosso português "tou", abreviando "voltou"): foi embora, voltou, foi embora, voltou...

Outro autor que nos permite também explorar essa ideia do brincar atrelado à questão da repetição e da criação é

Walter Benjamin (1994). Para ele, o jogo é libertação e não sujeição. Para assim pensar, curiosamente, ele fez referências a Freud e à sua noção de pulsão de morte. Nas palavras de Benjamin (1994):

> Enfim, esse estudo deveria investigar a grande lei que, além de todas as regras e ritmos individuais, rege o mundo da brincadeira em sua totalidade: a lei da repetição. Sabemos que a repetição é para a criança a essência da brincadeira, que nada lhe dá tanto prazer como "brincar outra vez". A obscura compulsão de repetição não é menos violenta nem menos astuta na brincadeira que no sexo. Não é por acaso que Freud acredita ter descoberto nesse impulso um "além do princípio do prazer". Com efeito, toda experiência profunda deseja, insaciavelmente, até o fim de todas as coisas, repetição e retorno, restauração de uma situação original, que foi seu ponto de partida... A criança recria essa experiência, começa sempre tudo de novo, desde o início... A essência da representação, como da brincadeira, não é "fazer como se", mas "fazer sempre de novo", é a transformação em hábito de uma experiência devastadora (p. 252).

Neste capítulo, nos alicerçamos nas noções de inconsciente e pulsão de morte em Freud, a fim de indicar que "o infantil não se desenvolve" (posto se remeter ao inconsciente e ao fato deste estar presente também no adulto ou em qualquer momento de experiência de vida) "entretanto cria" (posto podermos atribuir uma positividade a ele e à pulsão de morte). Afinal, aqui não estamos entendendo nem o inconsciente como o recalcado nem a pulsão como ligada à repetição do mesmo, como comumente costumam ser compreendidos.

Nessa perspectiva, pensamos que no processo analítico é um "infantil" criativo que está em jogo. Assim, o processo analítico pode ser comparado a um *playground*, como Freud mesmo sugeriu (Freud, 1914b). Este termo foi por ele utilizado quando se referiu à transferência estando no centro do trabalho de manejo do analista e da produção de novos sentidos do analisante. A transferência foi entendida como o espaço da brincadeira, o *playground* no qual o paciente pode atuar e elaborar o que não recorda ou o que, compulsivamente, repete.

Aqui, Freud constituiu-se como o autor de referência e o ponto de partida; mas Agamben (2005) e Derrida (2001 e 2011), em certa medida, também participaram como autores com quem dialogamos. Com base em Agamben, nos alicerçamos no ponto de vista no qual a infância pode ser pensada como uma figura de limite que ocupa o espaço do entre linguagem e experiência; já em Derrida, também nos deslocamos para o lugar "do entre".

Se retornarmos ao tema deste livro – psicanálise e educação –, encerro aqui meu percurso com uma sugestão: por que não estender o "*playground*" da transferência e da atemporalidade do infantil à educação, de maneira mais ampla? Quais os limites e as possibilidades dessa proposta? Como operacionalizá-la no cotidiano da vida escolar e das creches – ou mesmo no "contexto educativo" da relação pais e filhos?

Referências

AGAMBEN, G. *Infância e história:* destruição da experiência e origem da história. Belo Horizonte: UFMG, 2005.

ARAGÃO, R. O. *A importância da formação dos professores da Primeira Infância.* Disponível em: <http://www.senado.gov.br/sf/senado/programas/infanciaepaz/artigo.asp>. Acesso em: 20 out. 2009.

BACHA, M. N. *A arte de formar:* o feminino, o infantil e o epistemológico. Petrópolis: Vozes, 2002.

BAUMAN, Z. *O mal-estar da pós-modernidade.* Rio de Janeiro: Zahar, 1998.

______. *Amor líquido:* sobre a fragilidade dos laços humanos. Rio de Janeiro: Zahar, 2004.

BENJAMIN, J. *Los lazos de amor:* psicoanálisis, feminismo y el problema de la dominacíon. Buenos Aires: Paidós, 1996.

BENJAMIN, W. (1928) Brinquedo e brincadeira: observações sobre uma obra monumental. In: *Obras Escolhidas. Magia e técnica, arte e política:* ensaios sobre literatura e história da cultura. São Paulo: Brasiliense, 1994.

BIRMAN, J. Além daquele beijo!?: sobre o infantil e o originário em psicanálise. In: ROZA, E. S. & REIS, E. S. (Orgs.) *Da análise na infância ao infantil na análise.* Rio de Janeiro: Contracapa, 1997.

______. Escritura e psicanálise: Derrida, leitor de Freud. *Natureza Humana*, v. 9, n. 2, 2007.

CALLIGARIS, C. *A adolescência*. São Paulo: Publifolha, 2000.

CAMBI, F. *História da pedagogia*. São Paulo: Unesp, 1999.

CASTORIADIS, C. *A instituição imaginária da sociedade*. Rio de Janeiro: Paz e Terra, 1982.

______. *As encruzilhadas do labirinto*, v. 1. 2 ed. Rio de Janeiro: Paz e Terra, 1997.

CEREZER, C. & OUTEIRAL, J. *Autoridade e mal-estar do educador*. São Paulo: Zagodoni, 2011.

COELHO JUNIOR, N. Intersubjetividade e corporeidade: dimensões da ciência psicanalítica. In: COELHO JUNIOR, N.; SALEM, P. & KLAUTAU, P. (Orgs.) *Dimensões da intersubjetividade*. São Paulo: Escuta/Fapesp, 2012.

COUTINHO, L. G. *Adolescência e errância:* destinos do laço social no contemporâneo. Rio de Janeiro: Nau/Faperj, 2009.

COSTA, J. F. *Violência e psicanálise*. Rio de Janeiro: Graal, 1984.

DERRIDA, J. *Espectro de Marx*. Rio de Janeiro: Relume-Dumará, 1994.

______. *Mal de arquivo:* uma impressão freudiana. Rio de Janeiro: Relume-Dumará, 2001.

______. Freud e a cena da escritura. In: DERRIDA, J. *A escritura e a diferença*. São Paulo: Perspectiva, 2011.

DOLTO, F. *Os caminhos da educação*. São Paulo: Martins Fontes, 1998.

DUFOUR, D. *A arte de reduzir as cabeças:* sobre a nova servidão na sociedade ultraliberal. Rio de Janeiro: Companhia de Freud, 2005.

EHRENBERG, A. *La fatigue d'être-soi:* dépression et société. Paris: Odile Jacob, 1998.

FALK, J. (Org.) *Educar os três primeiros anos:* a experiência de Lóczy. Araraquara: Junqueira & Marin, 2011.

FELMAN, S. Educação e crise, ou as vicissitudes do ensino. In: NESTROVSKI, A. & SELEGMANN-SILVA, M. (Orgs.) *Catástrofe e representação*. São Paulo: Escuta, 2000.

FIGUEIREDO, L. C. As diversas faces do cuidar. In: MAIA, M. S. (Org.) *Por uma ética do cuidado*. Rio de Janeiro: Garamond, 2009.

FREUD, A. *O tratamento psicanalítico das crianças*. Rio de Janeiro: Imago, 1971.

FREUD, S. (1895) Projeto para uma psicologia científica. *Edição Standard Brasileira das Obras Completas*. Rio de Janeiro: Imago, 1977, v. I.

______. (1900) A interpretação dos sonhos. *Op. cit.*, v. IV.

______. (1905) Três ensaios sobre a teoria da sexualidade. *Op. cit.*, v. VII.

______. (1908) Escritores criativos e devaneios *Op. cit.*, v. IX.

______. (1912) Recomendações aos médicos que exercem a psicanálise. *Op. cit.*, v. XII.

______. (1914a) Recordar, repetir e elaborar. *Op. cit.*, v. XII.

______. (1914b) Algumas reflexões sobre a psicologia escolar. *Op. cit.* v. XIII.

______. (1915a) Sobre o narcisismo: uma introdução. *Op. cit.*, v. XIV.

______. (1915b) O inconsciente *Op. cit.*, v. XIV.

______. (1915c) Os instintos e suas vicissitudes. *Op. cit.*, v. XIV.

______. (1917a) Conferências XVIII: Fixação em traumas: o inconsciente. Conferências introdutórias sobre psicanálise. *Op. cit.*, v. XVI.

______. (1917b) Uma dificuldade no caminho da psicanálise. *Op. cit.*, v. XVII.

______. (1920) Além do princípio do prazer. *Op. cit.*, v. XVIII.

______. (1921) Psicologia das massas e análise do ego. *Op. cit.*, v. XVIII.

______. (1925a) Prefácio a *Juventude desorientada*, de Aichhorn. *Op. cit.*, v. XIX.

______. (1925b) Notas sobre o bloco mágico. *Op. cit.*, v. XIX.

______. (1930) O mal-estar na civilização. *Op. cit.*, v. XXI.

______. (1932) Conferência XXXIV: Explicações, aplicações e orientações. Novas Conferências Introdutórias sobre psicanálise. *Op. cit.*, v. XXII.

______. (1937a) Análise terminável e interminável. *Op. cit.*, v. XXIII.

______. (1937b) Construções em análise. *Op. cit.*, v. XXIII.

FULGENCIO, L. Notas sobre o interesse da psicologia dinâmica de Winnicott para a Educação. In: *Aprender:* Cadernos de Filosofia e Psicologia de Educação, Vitória da Conquista, ano 6, n. 11, pp. 75-108, 2008.

HALL, S. *A identidade cultural na pós-modernidade*. Rio de Janeiro: DP&A, 2003.

HOLLANDA, C. B. de. O Que Será? (À Flor Da Terra). In: *Meus Caros Amigos*. Rio de Janeiro: Phonagram/Philips, 1976. 1 disco sonoro.

HONNETH, A. *Luta pelo reconhecimento*: a gramática moral dos conflitos sociais. São Paulo: Editora 34, 2003.

JERUSALINSKY, A. A escolarização de crianças psicóticas. In: *Estilos da Clínica*, ano II, n. 2, pp. 72-95, 1997.

KEHL, M. R. (Org.) *Função fraterna*. Rio de Janeiro: Relume-Dumará, 2000.

KUPFER, M. C. *Freud e a educação:* o mestre do impossível. São Paulo: Scipione, 1989.

______. *Educação para o futuro:* psicanálise e educação. São Paulo: Escuta, 2001.

LACAN, J. (1954-55) *O Seminário*. Livro 2: O eu na teoria de Freud e na técnica da psicanálise. Rio de Janeiro: Zahar, 1985.

______. (1959-60) *O Seminário*. Livro 7: A ética da psicanálise. Rio de Janeiro: Zahar, 1988.

LASCH, C. *A cultura do narcisismo:* a vida americana numa era de esperanças em declínio. Rio de Janeiro: Imago, 1983.

______. *O mínimo eu:* sobrevivência psíquica em tempos difíceis. São Paulo: Brasiliense, 1987.

LEBRUN, J.-P. & VOLCKRICK, E. *Avons-nous encore besoin d'un tiers?* Toulouse: Eres, 2005.

LIPOVETSKY, G. *A era do vazio:* ensaio sobre o individualismo conteporâneo. Lisboa: Relógio d'Água, 1993.

LUZ, R. Comunicação escrita e pensamento: o exemplo de D. W. Winnicott. In: BEZERRA JUNIOR, B. & ORTEGA, F. (Orgs.) *Winnicott e seus interlocutores*. Rio de Janeiro: Relume-Dumará, 2007.

MACIEL, M. R. Depressão e Criatividade do Indivíduo Contemporâneo. *Cadernos de psicanálise,* Círculo Psicanalítico do Rio de Janeiro, ano 24, n. 15, pp. 111-123, 2002.

______. A questão da intersubjetividade no espaço escolar e os processos de subjetivação contemporâneos. *Teias*, Rio de Janeiro, v. 5, n. 9-10, pp. 1-9, jan./dez. 2004.

______. Sobre a relação entre educação e psicanálise no contexto das novas formas de subjetivação. *Interface* (Botucatu), Botucatu, 2005, v. 9, n. 17, pp. 333-342, 2005.

______. A questão da diferença na educação: contribuições da psicanálise ao debate sobre educação inclusiva de psicóticos. *Pulsional, Revista de Psicanálise*, São Paulo, ano XIX, n. 187, pp. 33-41, 2006.

______. A creche como terceiro. *Inter-ação,* v. 35, n. 2, pp. 405-414, 2010. Disponível em: <https://www.revistas.ufg.br/index.php?journal=interacao&page=article&op=view&path%5B%5D=13125&path%5B%5D=8521>. Acesso em: 29 jan. 2016.

______. O infantil: o que não se desenvolve mas, entretanto, cria. Rio de Janeiro, *Childhood & Philosophy*, v. 7, n. 14, pp. 207-219, 2011.

______. Psicanálise e Educação: do barulho à batucada. *Cad. Psicanál.* CPRJ, Rio de Janeiro, v. 35, n. 28, pp. 169-181, jan./jun. 2013. Disponível em: <http://www.cprj.com.br/imagenscadernos/caderno28_pdf/15.pdf>. Acesso em: 29 jan. 2016.

MARIOTTO, R. M. M. *Cuidar, educar e prevenir:* as funções da creche na subjetivação de bebês. São Paulo: Escuta, 2009.

MEZAN, R. *A sombra de Don Juan e outros ensaios*. São Paulo: Brasiliense, 1993.

MILLOT, C. *Freud antipedagogo*. Rio de Janeiro: Zahar, 1987.

MIRANDA, M. P. & SANTIAGO, A. L. As conversações e a psicanálise aplicada à educação: um estudo do mal-estar do professor e o aluno considerado problema. In: O DECLÍNIO DOS SABERES E O MERCADO DO GOZO, 8, 2010, São Paulo. *Proceedings online*... FE/USP.

NAFFAH NETO, A. Sobre a elaboração imaginativa das funções corporais: corpo e intersubjetividade na constituição do psiquismo. In: COELHO JUNIOR, N.; SALEM, P. & KLATAU, P. (Orgs.) *Dimensões da intersubjetividade*. São Paulo: Escuta/Fapesp, 2012.

PATTO, M. H. S. *A produção do fracasso escolar:* histórias de submissão e rebeldia. São Paulo: T. A. Queiroz, 1990.

RASSIAL, J.-J. *O sujeito em estado limite*. Rio de Janeiro: Companhia de Freud, 2000.

REIS, B. Compartilhando a intersubjetividade: novos fundamentos filosóficos para uma psicanálise com outros. In: COELHO JUNIOR, N.; SALEM, P. & KLATAU, P. (Orgs.) *Dimensões da intersubjetividade*. São Paulo: Escuta/Fapesp, 2012.

ROCHAT, P. Subjetividade e intersubjetividade no desenvolvimento infantil. In: COELHO JUNIOR, N.; SALEM, P. & KLATAU, P. (Orgs.) *Dimensões da intersubjetividade*. São Paulo: Escuta/ Fapesp, 2012.

RODULFO, R. *Futuro porvenir:* ensayos sobre la actitud psicoanalitica em la clínica de la niñez y adolescencia. Buenos Aires: Noveduc, 2008.

ROUSSILLON, R. As condições da exploração psicanalítica das problemáticas narcísico-identitárias. *Alter, Revista de Estudos Psicanalíticos*, v. 30, n. 1, pp. 7-32, 2012.

SAFATLE, V. *Pós-modernidade:* utopia do capitalismo. Disponível em: <http://www.revistatropico.com.br/tropico/html/ print/2446.htm>. Acesso em: 20 out. 2006.

SANTOS, B. S. Um discurso sobre as ciências na transição para uma ciência pós-moderna. *Estudos Avançados*. São Paulo, n. 2, v. 2, pp. 46-71, 1988.

______. *Reconhecer para libertar*: os caminhos do cosmopolitismo multicultural. Rio de Janeiro: Civilização Brasileira, 2003.

SARMENTO, M. J. Sociologia da infância: correntes e confluências. In: SARMENTO, M. J. & GOUVÊA, M. C. S. (Orgs.) *Estudos de infância:* educação e práticas sociais. Petrópolis: Vozes, 2008.

SENNETT, R. *O declínio do homem público:* as tiranias da intimidade. São Paulo: Companhia das Letras, 1998.

______. A *corrosão do caráter:* consequências pessoais do trabalho no novo capitalismo. Rio de Janeiro: Record, 2004.

STERN, D. N. *O mundo interpessoal do bebê*. Porto Alegre: Artes Médicas, 1987.

VALLE, L. do. *Os enigmas da educação:* A paideia democrática entre Platão e Castoriadis. Belo Horizonte: Autêntica, 2002.

WINNICOTT, D. W. (1936a) Higiene mental da criança pré-escolar. In: *Pensando sobre crianças*. Porto Alegre: Artes Médicas, 1996.

______. (1936b) A professora, os pais e o médico. In: *Pensando sobre crianças*. Porto Alegre: Artes Médicas, 1996.

______. (1949) A mente e sua relação com o psicossoma. In: Da pediatria à psicanálise: obras escolhidas. 2 ed. Rio de Janeiro: Imago, 2000.

______. (1953) Objetos transicionais e fenômenos transicionais. In: *O brincar e a realidade*. Rio de Janeiro: Imago, 1975.

______. (1954) Carta para Bowlby. In: *O gesto espontâneo*. São Paulo: Martins Fontes, 2005.

______. (1958) Psicanálise do sentimento de culpa. In: *O ambiente e os processos de maturação:* estudos sobre a teoria do desenvolvimento emocional. Porto Alegre: Artmed, 1983.

______. (1959) Classificação: existe uma contribuição psicanalítica à classificação psiquiátrica? *Op. cit.*

______. (1963) Moral e educação. *Op. cit.*

______. (1964) A mãe, a professora e as necessidades da criança. In: *A criança e seu mundo*. Rio de Janeiro: Zahar, 1977.

______. (1970) Vivendo de modo criativo. In: *Tudo começa em casa*. São Paulo: Martins Fontes, 1999.

______. (1971a) O lugar em que vivemos. In: *O brincar e a realidade*. Rio de Janeiro, Imago: 1975.

______. (1971b) O brincar: a atividade e a busca do *self*. *Op. cit.*

______. (1971c) A criatividade e suas origens. *Op. cit.*

______. (1971d) O brincar: uma exposição teórica. *Op. cit.*

______. (1988) Natureza humana. Rio de Janeiro: Imago, 1990.

ZIZEK, S. O superego pós-moderno. *Folha de S.Paulo*. Caderno Mais! São Paulo, 3 maio 1999.